Ein Licht in

der Đunkelheit

Swamini Krishnamrita Prana

Mata Amritanandamayi Center
San Ramon, Kalifornien, Vereinigte Staaten

Ein Licht in der Dunkelheit
Swamini Krishnamrita Prana

Herausgegeben von:
Mata Amritanandamayi Center
P.O. Box 613
San Ramon, CA 94583
Vereinigte Staaten

————— *A Light in the Darkness – German* ——————

Erstausgabe: April 2020

In Indien:
www.amritapuri.org
inform@amritapuri.org

In Deutschland: www.amma.de

In der Schweiz: www.amma-schweiz.ch

Inhalt

Einleitung

Wir können Dunkelheit nur vertreiben,
indem wir Licht bringen. — Amma

Heutzutage fühlen sich die Menschen oft verloren. Sie kämpfen sich durch das Leben ohne wirkliche Liebe oder authentische Führung. Viel zu oft wird Unwahrheit als Wahrheit dargestellt und wir werden leicht von unserem richtigen Weg abgelenkt. Es ist schwierig, Kinder so zu erziehen, dass sie echte spirituelle Werte und Prinzipien verstehen, wenn die Welt uns mit so vielen gegenteiligen Beispielen bombardiert.

In dieser Finsternis brauchen wir ein Licht, das unseren Weg erhellt, das uns den Weg aus dem Leiden zeigt. Amma ist dieses Licht. Sie nährt uns mit der allumfassenden Liebe einer Mutter, diszipliniert uns jedoch gleichzeitig mit den weisen Lehren eines Gurus.

Ihr Leben hat dem Wort „Mutter" („Amma" bedeutet Mutter, Anm. d. Übers.) eine ganz neue Dimension und Bedeutung verliehen. Sie hat es wieder zu einem der schönsten Worte auf der Welt gemacht. Amma liebt uns zutiefst und bedingungslos. Sie akzeptiert uns voll und ganz mit all unseren Schwächen und unserer Scham. Wie frischer Regen belebt sie uns in dieser ausgetrockneten Wüste der weltlichen Existenz und bringt Erfüllung in unser einsames Leben. Amma ist die Essenz von allem Schönen, Tröstlichen und Kostbaren.

Man kann die Herrlichkeit Ammas nicht ganz verstehen; unser Verstand kann nicht begreifen, wer sie wirklich ist. Aber es ist leicht, ihr größtes Wunder zu sehen: die Fähigkeit, unsere Herzen zu verändern. Sie ergreift ganz gewöhnliche Menschen und bringt das Gute in ihnen zum Vorschein. Sie macht sie zu Menschen, die ihr Leben dem Dienst am Nächsten widmen wollen. Sie hat dies mit Tausenden von Menschen aus allen Bereichen des Lebens getan.

Diese Transformation ist ein langsamer Prozess, der viel Geduld erfordert. Dennoch wird jeder von uns eines Tages aufblühen. Eine Verehrerin hat mich kürzlich mit einer erstaunlichen Geschichte daran erinnert. Es geschah vor einigen Jahren, als Amma am Ende einer Australienreise das Haus dieser Dame besuchte.

Sie hatte eine alte Kaktuspflanze (in einem leicht zerbrochenen Topf) vor der Haustür ihres Hauses stehen. Die Pflanze hatte in den vielen Jahren nie geblüht oder ihr Aussehen verändert. Die Familie hatte ihre Existenz praktisch vergessen. Amma wollte das Haus gerade betreten und sah den Kaktus. Sie beugte sich hinab und streichelte ihn voller Ehrfurcht und mit großer Sanftheit.

Die Dame des Hauses schämte sich ein wenig. Es war ihr peinlich, dass sie den alten Kaktus nicht versteckt und eine schönere Pflanze an seine Stelle gesetzt hatte, aber in der Aufregung vor Ammas Besuch hatte sie vergessen, ihn wegzubringen.

Nachdem Amma ihr Haus gesegnet hatte, folgte die Familie ihr zum Flughafen. Als sie wenige Stunden nach dem Abschied nach Hause zurückkehrten, wollten sie ihren Augen kaum trauen. Der alte Kaktus in seinem kaputten Topf war voll erblüht! Er trug eine majestätische Krone aus Kaktusblüten. Durch Ammas liebevolle Zuwendung gesegnet erblühte er in seiner ganzen Pracht.

Die Familie war sprachlos, dass ihre langweilige alte Kaktuspflanze durch eine einfache Berührung von Amma auf wundersame Weise verwandelt worden war. Schon am nächsten Tag wurde sie in einen neuen Topf umgesteckt und voller Stolz an einem sonnigen Platz in der Nähe des Familienaltars aufgestellt.

Wir Menschen sind auch oft wie dieser stachelige, alte Kaktus. Wir können über sehr lange Zeiträume in einem statischen Zustand der mürrischen und reizbaren Stagnation bleiben. Obwohl wir vielleicht zahllose Segnungen erhalten, weigern wir uns hartnäckig, uns zu ändern: Manchmal haben stachelige Kaktuspflanzen mehr Hingabe als wir! Zum Glück gibt Amma uns nie auf. Wunder des Wachstums und der Transformation geschehen überall, wo sie hingeht.

Dieses Buch erzählt die Geschichten von achtzehn verschiedenen Menschen. Achtzehn Leben, die Amma verändert hat, ein Herz nach dem anderen. Jede Geschichte ist einmalig und jede ist ein Zeugnis von Ammas wahrem Glanz, denn sie führt eine Person nach der anderen aus ihrem Schmerz heraus und ins Licht.

Nicht jeder kommt von einem so tiefen oder so dunklen Ort wie einige der Personen in diesen Geschichten, wenngleich es sicherlich einige gibt. Dank Amma gibt es heute Tausende von Geschichten von Heilung und Transformation überall auf der Welt. Doch wir wollen hier nur achtzehn davon erzählen.

Amma lehrt uns Tag für Tag, etwas weniger an uns selbst zu denken und stattdessen etwas mehr an andere und was wir geben könnten. Langsam, mit unendlicher Geduld und grenzenloser Liebe, zeigt uns Amma durch ihr eigenes Beispiel, wie auch wir aufblühen und zu leuchtenden Lichtern in der Dunkelheit werden können.

Kapitel 1

Dienen lernen

Auf sanfte Art und Weise kannst du die Welt erschüttern. – Mahatma Gandhi

Als ich zwanzig Jahre alt war, verliebte ich mich in Gott. Unsere Liebe dauerte nur einen Sommer, aber es war eine leidenschaftliche Affäre voller Freude und Licht. Jedes Mal, wenn ich im Gebet sang, war ich überwältigt vor purer Verzückung. Die Welt war ein wunderbarer Ort, voller Leben und Farbe. Gott war herrlich, allgegenwärtig und so glorreich, dass es einfach unfassbar war.

Am Ende dieses Sommers verließ ich mein privilegiertes Leben im Westen und begann zu reisen. Ich fuhr in einige der ärmsten Länder der Welt.

Zuerst ging ich nach Afrika. Meine Freunde und ich zelteten am Ngorongoro-Krater, dem atemberaubendsten Ort, den ich je gesehen habe. Als die Sonne unterging, erstrahlte der Himmel in hellen Farben und malte das prächtigste Antlitz Gottes. Mein Herz verfiel in Ekstase bei diesem Anblick. Der Mond stieg auf, das Feuer erlosch und wir schliefen ein.

In dieser Nacht wurde unser Campingplatz von einer tollwütigen Hyäne wild angegriffen. Eine frisch verheiratete Frau wurde gebissen. Sie starb drei Wochen später. Kurz darauf wurde eine gute Freundin von mir brutal vergewaltigt. Die örtlichen Behörden taten nichts.

So sehr mich diese Tragödien erschütterten, es war nichts im Vergleich zu der Armut, die ich sah. Überall, wo wir hinkamen, waren schmutzige, hungernde Kinder, die auf der Straße bettelten, ohne dass sich jemand um sie kümmerte. Die Menschen lebten in Häusern, die aus Abfallresten gebaut wurden.

Ich erlebte zum ersten Mal den Schmerz der Welt und ich fühlte mich von Gott zutiefst verraten.

Ich zog von Stadt zu Stadt und von Land zu Land, auf der Suche nach einem Weg, mein Herz zu heilen. Jedes Mal, wenn ich umzog, erlebte ich vorübergehende Freude und Aufregung. Wenn das Elend wiederkam, zog ich wieder weiter, auf der Suche nach einem neuen Abenteuer.

In den folgenden sechs Jahren lebte ich in dreizehn verschiedenen Städten, in sieben verschiedenen Ländern auf vier verschiedenen Kontinenten. Ich wurde Zeuge von Unterdrückung, Terrorismus, Bürgerkrieg und Gewalt. Und die Liebe? Ach! Eine Fantasie, vergessen in einer grausamen Welt.

Mein Herz verkrustete.

Wenn ich andere beten hörte, schloss ich die Tür zu meinem Zimmer und weinte.

Ich erinnere mich, dass ich mich an dem Nachmittag, bevor ich Amma begegnete, völlig hoffnungslos und allein gefühlt habe. Ich war mir ganz sicher, dass Liebe nichts anderes als ein Trieb war, und dass Gott geisteskrank war. Es gab einfach zu viel Schmerz in der Welt.

Ich hatte den ganzen Tag und den Tag davor damit verbracht, Wiederholungen von brutalen Fernsehsendungen anzusehen und zu warten, bis ich meinen Job kündigen und woanders hinziehen konnte. Ich litt unter leichten Depressionen und schrecklichen Ängsten.

Amma änderte alles.

Meine Freunde schafften es an diesem Abend nur mit Versprechungen von „richtig gutem Chai", dass ich ins Auto stieg. Ich hatte zugesagt, aber klar gestellt, dass ich nur für den Chai mitkam. Die ganze Autofahrt über versuchte ich, ihnen klarzumachen: „Dieses Amma-Ding, das ist doch Götzenanbetung!"

Aber sie rollten nur mit den Augen und erinnerten mich an den Chai.

Und dann erschien sie: Eine kleine, schöne Frau in einem schneeweißen Sari. Sie war von dunkler Hautfarbe, wie der Hindu-Gott Krishna... Sie berührte meine Hand. Meine ganze Hand... ich erinnere mich noch.

Als ich an diesem Abend von ihr umarmt wurde (Darshan), pflanzte Amma einen Samen in mein Herz. Ich spürte es. In den nächsten vierundzwanzig Stunden keimte er. Am nächsten Tag wollte ich unbedingt wieder zu ihr.

Ich ging an diesem Abend noch einmal zum Darshan und brach weinend zusammen. Ich hörte Ammas Stimme klar und deutlich in meinem Kopf: „Meine liebe Tochter, nicht Gott ist krank im Kopf. Dein Geist ist es!" Ich saß nach dem Darshan in einem etwas abgegrenzten Bereich und war in Tränen aufgelöst. Gott war doch wunderschön. Ich sehnte mich danach, Amma wieder nahe zu sein.

Amma sah mich immer wieder an und lachte. Jedes Mal, wenn sie das tat, habe ich einen Moment lang mit ihr gelacht. Dann kamen die Tränen wieder und ich wurde von heftigen Weinkrämpfen bis ins Mark geschüttelt. Ich trauerte um die Jahre, die ich mit so viel Wut und Schmerz verloren hatte. Vor diesem Darshan war ich völlig festgefahren und hoffnungslos gewesen, aber jetzt war sie dabei, mein Herz aufzubrechen. Sie sah mich immer wieder an, ihre Augen funkelten vor Freude und voller Mitgefühl.

Mehrere Jahre vergingen. Mein Leben veränderte sich vollkommen. Jedes Mal, wenn ich Amma sah, löste sich eine weitere Schicht Schmerz auf wie Rauch. Schicht um Schicht des Leidens fielen von mir ab.

Dann besuchte ich Ammas Ashram in Indien. Ich erinnere mich, als ich das erste Mal dort war, wie ich mit viel Seva (freiwilliger Dienst) eingedeckt auf dem Boden saß und spontan in Kichern ausbrach. Ich konnte einfach nicht glauben, dass es den Himmel auf Erden gab, und hier saß ich mittendrin.

Amma setzt sich mit dem Leiden der Welt auseinander, indem sie dient. Sie hat Waisenhäuser, Schulen und karitative Krankenhäuser. Sie baut Häuser für Obdachlose, ernährt die Hungrigen, gibt Witwen Pensionen und leistet Katastrophenhilfe auf der ganzen Welt... die Liste ihrer Wohltätigkeitsorganisationen ist schier endlos. Als ich dem Leiden dieser Welt zum ersten Mal begegnet war, war ich von Gram überwältigt. Als Amma das Leiden sah, begann sie, es zu transformieren.

Als wir vor einigen Jahren auf Südindien-Tour waren, hielten wir für einige Zeit in einem von Ammas Waisenhäusern. Diese Kinder hatten einst nichts, aber dank Amma haben sie nun eine Zukunft voller Hoffnung. Wenn Amma sang, standen die Kinder alle auf und tanzten ganz selig.

Sie streckten ihre kleinen Hände aus, sehnten sich danach, Amma zu berühren, griffen nach ihrem Bauch. Amma nahm die Hände der Kinder, schaute ihnen tief in die Augen und tanzte mit ihnen.

Was ich jetzt verstanden habe, ist, dass sich die Probleme des Lebens nie einfach verflüchtigen werden. Wir leben in einer Welt voller Dunkelheit und Schmerz. Manchmal tut es weh, das ist wahr, aber mit Ammas Gnade und dem richtigen Verständnis müssen wir uns nicht mehr dafür entscheiden, zu leiden.

Wenn Amma mich in ihren Armen hält, wird die Wahrheit so klar: Die Liebe ist wahr. Das hatte ich nicht gewusst. Vor der Begegnung mit Amma hatte ich nie wirklich Liebe erfahren. Sie zeigt mir, dass, egal wie dunkel die Welt auch sein mag, die darunter liegende treibende Kraft des Lebens die Liebe ist, und nur die Liebe.

Amma gibt mir die Kraft, die ich brauche, um jedem Tag mit Freude und Dankbarkeit zu begegnen.

Dank Amma ist jeder Tag ein Wunder.

⚜ ⚜ ⚜

In Interviews mit Journalisten spricht Amma oft über das Leid, das sie als Kind miterlebt hat. Sie erkannte damals, dass ihr Leben dazu bestimmt war, der Menschheit neuen Mut zu geben. Wenn Amma uns zum Darshan empfängt, hilft sie uns, unsere eigene innere Natur zu spüren: das „Selbst", das wir so selten erleben. Wenn wir Amma begegnen, ist es, als ob wir, nachdem wir ein Leben lang nur gezuckerte Limonade gegen den Durst gekannt haben, reines Wasser trinken, das unseren Körper, unseren Geist und unsere Seele wirklich erfrischt. Amma ist das reine Wasser unserer wahren Natur: unsere schöne, inspirierende wahre Natur.

Eine Legende besagt, dass Radha (wichtige Frauenfigur der indischen Mythologie, Anm. d. Übers.) in

Vrindavan (Geburtsort des Gottes Krishna, Anm. d. Übers.) Krishna nur einmal gesehen hat, nämlich am Fluss Yamuna. Doch von diesem Augenblick an liebte sie ihn für immer. So ist es zwischen Amma und uns. Auch wenn wir nur einmal Darshan mit Amma haben, wird sie uns nie vergessen; sie wird uns immer tief lieben, bis in alle Ewigkeit.

Kapitel 2

Ein Star werden

Lasst die Schönheit, die wir lieben,
das sein, was wir tun. – Rumi

Schon in der High School wollte ich unbedingt zum Theater. Ich sehnte mich nach der Romantik, den Lichtern, der Pracht, dem Reichtum und dem Ruhm. Auf der Bühne stehen, vor Tausenden von Menschen! Ich wollte ein Star sein. Ein wunderschöner, leuchtender Stern, heller als alles andere auf dieser Erde.

Ich erinnere mich an das allererste Mal, als ich ins Theater ging. Ich war elektrisiert und wusste: das ist es, was ich will.

Mit Anfang zwanzig zog ich nach Kalifornien, um meinen Traum zu verwirklichen. Ich machte in Filmgruppen und bei Produktions-Crews mit. Ich assistierte Regisseuren und begann, mich hochzuarbeiten. Shows, an denen ich mitgearbeitet habe, begannen, große Preise zu gewinnen. Ich träumte in den leuchtendsten Farben vom Broadway und von Hollywood.

Dann wurde ich gefeuert, und so komisch es klingt, das war das größte Glück meines Lebens.

Es gibt eine dunklere Seite der Schauspielerei, eine Seite, vor der mir heute schaudert, aber damals hatte ich keine andere Wahl, als mitzumachen. Die Welt der Schauspielerei ist schillernd, aufregend und süchtig machend. Aber da sind auch die Clubs, der Alkohol, die Drogen, die Streitereien, die One-Night-Stands...

Der Stress in dieser Branche ist enorm und die Konkurrenz ist wie Hyänen. Jeder ist ständig auf der Suche nach der nächsten Show, dem nächsten Auftritt, der nächsten Promotion. Es ist ein Wirbelsturm aus ständiger Bewegung und ständigem Vorsprechen. Wenn man es nicht schafft, bleibt man auf der Strecke und wird vergessen. Diese Parties waren dazu da, herauszustechen und auffällig zu bleiben. Alle haben es gemacht. Es gab keine anderen Optionen.

Wenn ein Obdachloser Drogen nimmt, nennen wir ihn einen Crack-Abhängigen. Wenn ein Filmstar es im Hinterzimmer eines exklusiven Nachtclubs tut, finden wir ihn oder sie wagemutig und exotisch.

Wenn ich Kontakte knüpfen und mit den Reichen und Schönen verkehren wollte, musste ich da sein, wo etwas los war. Die Parties waren der einzige Weg, relevant zu bleiben und Teil der Szene zu sein.

Auf diesen Partys war meine Routine immer die gleiche. Ich saß in der Ecke, nippte langsam an einem Bier und ließ einen falschen Ehering aufblitzen, um die falschen Leute (männlich wie weiblich) abzuschrecken. Wenn eine betrunkene Frau, der die Kleider von den Schultern fielen, auf mich zukam und nach meiner Telefonnummer fragte, sagte ich: „Tut mir leid, draußen ist mein Mann!"

Wenn ein schmieriger Typ mich auf sein Zimmer einlud, sagte ich ihm: „Tut mir leid, meine Freundin wartet daheim!"

Die Reaktion dieser Widerlinge war immer die gleiche: „Süße, muss kein Mensch je erfahren…!"

Eines Abends kam ein Mann zu mir. Er war derart mit Alkohol und Drogen vollgepumpt, dass seine Pupillen so groß wie Münzen waren. Er versuchte immer wieder, mich zu berühren. Da schlug ich ihn. „Behalte deine Pfoten bei dir!" schrie ich ihn an.

Es war ein Sodom und Gomorrha. Das komplette Gegenteil von allem Göttlichen oder Spirituellen. Alles in der Branche war extravagant, verschwenderisch und voller Begierde. Die Branche, die einst die Menschen zum Träumen inspirierte, war ein einziger Sündenpfuhl geworden.

Um ehrlich zu sein, wollte ich nie dabei mitmachen. Der Traum meiner Kindheit hatte in die Dunkelheit geführt. Ich wollte immer noch unbedingt Schauspielerin sein, ich wünschte nur, es könnte anders sein. „Es muss etwas Besseres als das hier geben!" betete ich.

Tief im Inneren fühlte es sich nicht richtig an. Ich fühlte mich nicht richtig.

Der Rauswurf war meine Rettung. Als Amma ein paar Wochen später in meine Stadt kam, das erste Mal, an das ich mich erinnern kann, war mein Terminplan ganz frei. Ich machte mich auf den Weg zum Programm, ohne zu wissen, was mich erwarten würde.

Ich hatte alles, was ich je wollte: Geld, Kontakte, das Potenzial für Ruhm… aber an dem Abend, an dem ich Amma traf, änderte sich alles. Alles. Mein erster Darshan war seliger als die stärkste Droge, aufregender als die erfolgreichste Produktion. In dieser allerersten Umarmung wusste ich, dass ich endlich das „besondere Etwas" gefunden hatte, nach dem ich gesucht hatte.

Natürlich hat sich mein Leben nicht auf einmal geändert. Ich habe immer noch mit mir selbst gekämpft. Ich wusste, dass das Leben, das ich führte, mich leer und unglücklich machte, aber ich konnte meinen Wunsch, Schauspielerin zu sein, nicht aufgeben. Amma kannte mein Herz und erfüllte meinen tiefsten Wunsch auf die bestmögliche Art und Weise.

Mein allerletzter Auftritt war ein kurzes Theaterstück auf einem Retreat in Ammas Ashram in San Ramon, Kalifornien. Ich hatte eine Zeile... und eine höchst göttliche Audienz. Ich war endlich ein Star: ganz gesehen, geliebt und angebetet auf jeder möglichen Ebene. Ich spürte ihre Liebe bis in die tiefsten Tiefen meiner Seele. Mein ganzes Leben lang hatte ich nichts anderes gewollt, als Schauspielerin zu sein. In diesem Moment löste sich dieser Wunsch auf. Vollkommen. Ich war frei.

Amma hat mich aus dem Abgrund der Weltlichkeit gerissen. Ich habe das Theater, die Partys, das Geld und all diese kaputten Träume hinter mir gelassen. Nach diesem Auftritt brauchte ich es nicht mehr; dieser begehrliche Wunsch war weg.

Für mich bedeutet Schönheit nicht mehr die schillernde Silhouette eines Filmstars. Jetzt sehe ich Schönheit in Ammas Händen: Hände, die sich dem Dienst an den Armen und Bedürftigen widmen, indem sie einen Menschen nach dem anderen in ihre warme Umarmung ziehen.

Ich brauche kein Stern mehr zu sein, der ganz allein am Himmel funkelt. Ich bin auf den Boden der Tatsachen zurückgekehrt und jetzt möchte ich nur noch dienen.

⚜ ⚜ ⚜

Amma ist gekommen, uns in unser wahres Zuhause zu bringen. Dieses Zuhause ist uns näher als alles andere, aber wir haben vergessen, wo wir hingehören und verlieren uns in weltlichen Ambitionen und illusorischen Träumen. Amma ist gekommen, um uns zu der uns innewohnenden Göttlichkeit zu erwecken. Es geht nicht darum, uns übermenschlich zu machen. Vielmehr bedeutet es, uns zu wahren Menschen zu machen, um unser größtes Potenzial zu verwirklichen.

Amma hat immer ihre eigene Mutter als ihren Guru angesehen. Ammas Mutter war außerordentlich streng. Sie hat ihre Tochter auf jeden Fehler hingewiesen, den sie gemacht hat. Aber Amma war dankbar für diese Ausbildung. Dank der Strenge ihrer Mutter konnte Amma von klein auf so viel erkennen.

Auf die gleiche Weise versucht Amma ihr Bestes, uns zu leiten und zu schützen, doch wenn wir ihren Lehren

nicht folgen, wird uns das Leben seine Lektionen auf
die harte Tour geben. Wie das Leben halt so ist. Allzu
oft stehen unsere Wünsche im Weg und führen uns auf
den falschen Weg.

Amma erinnert uns daran, dass uns in Wirklich-
keit der göttliche Funke der reinen Liebe ganz nahe ist.
Er ist in jedem von uns, ganz in unserer Reichweite.
Sie versucht, uns zu inspirieren, unsere Wünsche ein
wenig hinter uns zu lassen, damit wir den tieferen
Sinn des Lebens verstehen. Das bedeutet nicht, dass
wir aufhören sollten, unsere Ziele zu erreichen. Wir
können immer noch für externe Ziele arbeiten, aber
wir sollten verstehen, dass sie nur einen sehr kleinen
Teil des Lebens ausmachen.

Amma möchte, dass wir begreifen, dass die wirkliche Belohnung im Leben so viel befriedigender ist, als
einfach nur äußeren Namen und Ruhm zu erlangen.

Die Wahrheit ist: Wir sind Liebe. Und wenn wir
uns an diese Wahrheit erinnern, wird sie einen ver-
borgenen Schatz in unserem Herzen freilegen, und wir
werden das finden, wonach wir immer gesucht haben.

Kapitel 3

Liebesbrief

*Der ist weise, der im Samen das
Ding erkennt. – Lao-Tse*

Vor vielen Jahren, als mein Mann und ich zum ersten Mal nach Amritapuri (Ammas Ashram in Kerala) zogen, war alles viel kleiner. Es gab nur eine Handvoll Abteilungen: kein Recycling, keinen Kompost, keine Abfallwirtschaft und schon gar keine landwirtschaftlichen Betriebe. Es gab einfach keine Infrastruktur für diese Dinge.

Eines Tages beim Mittagessen gerieten mein Mann und ich in eine angeregte Diskussion mit einem Freund darüber, wie der Ashram umweltfreundlicher und nachhaltiger gestaltet werden könnte.

Inspiriert durch das Gespräch beschlossen wir, einen Brief an Amma zu schreiben, in dem wir unsere Vorstellungen zum Ausdruck bringen. Wir listeten eine Vielzahl von Ideen auf: Recycling,

Kompostierung, biologischer Gartenbau, Verkauf von Biokräutern und die Verwendung von Sonnenkollektoren... die Liste war schier endlos. Wir waren sehr aufgeregt, diese Ideen mit Amma zu teilen, und hofften natürlich, dass sie einigen davon ihren Segen geben würde.

Wir baten eine indische Bewohnerin des Ashrams, uns bei der Übersetzung des Briefes ins Malayalam zu helfen. Je mehr sie las, desto ärgerlicher wurde ihre Stimmung. Ganz klar, sie war ziemlich wütend über das, was sie lesen musste. Das verwirrte uns völlig. Als sie mit dem Lesen fertig war, antwortete sie zornig, dass sie den Brief für Amma „mit Sicherheit NICHT" übersetzen würde, da es uns nicht anstünde, dem Guru zu sagen, was er bzw. sie zu tun habe. Sie schimpfte uns gehörig und stürmte davon.

Es war natürlich niemals unsere Absicht gewesen, den Brief als Kritik zu schreiben, und wir wollten Amma keinesfalls vorschreiben, was sie zu tun hätte! Wir wollten sie einfach fragen, ob sie der Ansicht wäre, dass einige dieser Ideen dem Ashram zugute kommen würden, und wenn ja, auf welche wir uns konzentrieren sollten.

Die Reaktion dieser Frau schockierte und enttäuschte uns so sehr, dass wir beschlossen, Amma den Brief gar nicht erst zu geben. Wir wollten nicht respektlos sein. Ungeachtet unserer besten Absichten schien unser Brief eine Beleidigung darzustellen. Ich fühlte mich entmutigt und legte den Brief unter mein Bild der Göttin Lakshmi auf meinen Altar.

Einige Monate später saß ich auf der Europa-Tour in der Nähe von Amma und meditierte. Als ich die Augen öffnete, sah Amma mich an, lächelte und winkte mich an ihre Seite. Sie sprach in Malayalam zu mir und die Frau neben ihr übersetzte: „Amma sagt, dass ihr der Brief, den Sie ihr gegeben haben, sehr gefallen hat!"

Ich verstand nicht. Ich hatte Amma auf dieser Tour keinen Brief gegeben. Tatsächlich hatte ich ihr das ganze Jahr über keinen Brief gegeben. „Amma", antwortete ich also, „ich habe dir keinen Brief gegeben!" Aber Amma bestand darauf, dass ich ihr einen Brief gegeben hätte. Schließlich erinnerte ich mich an den Brief, den mein Mann, unser Freund und ich über unsere Ideen für den Ashram geschrieben hatten. Der Brief war immer noch genau da, wo ich ihn hingelegt hatte: unter dem Bild von Lakshmi auf meinem Altar.

Ich fragte Amma, ob sie den Brief auf meinem Altar meine. „Ja!" rief sie begeistert. Dann zählte Amma jeden einzelnen Punkt auf, über den wir geschrieben hatten, und zwar im Detail. Amma sagte, dass ihr diese Ideen alle sehr gefielen und sie sehr glücklich sei, dass wir uns darüber Gedanken machten, wie wir in größerer Harmonie mit Mutter Natur leben könnten.

Ich verließ dieses Gespräch voller Staunen und Glückseligkeit. Wie konnte Amma die Einzelheiten eines Briefes kennen, den sie nie gesehen hatte?

Im Laufe der Jahre ist jeder einzelne Vorschlag, den wir in diesem Brief gemacht haben, in die Tat umgesetzt worden. Anstatt den Müll zu verbrennen, wie es in Indien üblich ist, gibt es jetzt eine riesige Müllentsorgungsabteilung im Ashram: Wir recyceln praktisch alles. Es gibt einen Kompostbereich, der Kompost zur Düngung der vielen Farmen rund um den Ashram liefert. Wir haben sogar eine Wellness-Klinik, in der biologische Kräuter verkauft werden, von denen viele im Ashram selbst angebaut werden. Sonnenkollektoren bedecken das Dach der Bhajan-Halle und in jedem Winkel des Ashrams wird biologisches Gemüse angebaut.

Das Aufregendste ist vielleicht, dass unsere Programme und Aktivitäten nun auch außerhalb des Ashrams eingeführt werden. Im Rahmen von Ammas Programm Amrita Serve werden Methoden der ökologischen Landwirtschaft in Dörfern in ganz Indien gelehrt. Der Bereich für Abfallwirtschaft gibt Kurse über Recycling, organisiert ABC-Tage (Amala Bharatam Cleanup, „Für ein sauberes Indien"), um Abfall aufzusammeln und reinigt heilige Stätten und Flüsse in ganz Indien (einschließlich des Ganges, des heiligen Flusses!).

Außerhalb Indiens unterhalten viele von Ammas Ashrams in Europa, den USA und Kanada ökologische Gemüse- und Obstgärten, bauen Permakultur-Farmen auf, wenden wassersparende Techniken an, halten Bienen und geben Kurse über nachhaltige Landwirtschaft.

Nicht nur, dass Amma unsere Herzen kennt. Ihre Gnade hat zu mehr Umweltprojekten und Initiativen geführt, als wir uns je hätten träumen lassen!

Seit jener erstaunlichen Erfahrung schreibe ich oft Briefe an Amma und lasse sie unter ihrem Foto auf meinem Altar liegen. Schon während ich den Brief schreibe, weiß ich, dass sie den Inhalt bereits kennt.

Wenn ich Amma mein Herz ausschütte, dann kommt immer eine ganz klare Antwort. Manchmal kommt sie in Form einer Lösung für ein Problem.

Manchmal kommt es in der Form, dass ein Freund genau das sagt, was ich hören muss.

Was für eine Situation auch immer es sein mag, wenn wir die Hand nach Amma ausstrecken, antwortet sie immer mit überströmender Liebe und Gnade.

❀ ❀ ❀

So wie ein Kind im Mutterleib über die Nabelschnur mit Energie und Nährstoffen versorgt wird, so ist auch die Verbindung mit Amma wie eine Nabelschnur, über die wir Gnade empfangen. Wenn wir uns Amma öffnen, und sei es auch nur für einen kurzen Moment, kann Amma uns innerlich schon erreichen, um die uns innewohnende göttliche Kraft wieder zu entfachen.

Entfernung ist kein Hindernis, wenn es um die Liebe geht. Wenn wir einfach unser Herz öffnen, können wir eine starke Verbindung haben und ihre Weisheit, Führung und Gnade spüren, wo auch immer in der Welt wir sind. Das ist die wundersame Kraft der unschuldigen selbstlosen Liebe.

Kapitel 4

Lächeln lernen

Das Herz ist ein tausendsaitiges Instrument, das nur mit Liebe gestimmt werden kann. – Hafiz

Meine Eltern und ich sind Immigranten. Wir lebten in einem Land, das Anderssein nicht sehr schätzte. Wir aber sahen anders aus, sprachen eine andere Sprache, aßen anderes Essen und hatten andere Sitten und Bräuche. Ich will es mal so sagen: ich habe mich als Heranwachsende nie willkommen gefühlt.

Als ich noch klein war, lebten wir auf einer kleinen Insel. Es gab keine Straßen, nur Fähren. Es gab nur eine Schule auf der Insel, und jedes Jahr zur Erntezeit war diese Schule ganz leer, weil die Kinder ihren Eltern beim Pflücken der Ernte helfen mussten. Die Einheimischen lebten so schon jahrhundertelang.

Als ich alt genug war, um zur Schule zu gehen, wollten meine Eltern, dass ich das ganze Jahr über in die Schule gehe, also schickten sie mich auf eine andere Insel. Meine ganze Kindheit habe ich so verbracht: an einem Ort zu leben und an einem anderen zur Schule zu gehen. Zu allem Überfluss sind wir jedes Jahr von Haus zu Haus und von Stadt zu Stadt gezogen.

Ich war einsam und schrecklich unglücklich. Jedes Mal, wenn ich eine Freundin gefunden hatte, war es Zeit, wieder zu gehen. Irgendwann war es leichter, keine Freunde mehr zu suchen. Das einzige, was den Nachbarn, Lehrern und anderen Kindern je an mir aufgefallen ist, war, dass ich nie lächelte.

Diese tief sitzende Traurigkeit blieb, als ich älter wurde. Ich litt an schweren Depressionen, aber das wurde nie formell diagnostiziert. Niemand konnte herausfinden, was mit mir los war.

Als ich erwachsen war, beschloss ich, etwas gegen meine überwältigende Traurigkeit zu unternehmen. Ich wusste, dass ich ein Problem hatte und dass ich heilen wollte.

Ich habe alles Mögliche ausprobiert: Ich habe meinen Job und meine Wohnung immer wieder gewechselt. Ich probierte Qi Gong aus, experimentierte mit verschiedenen Diäten und besuchte eine Reihe von Ärzten. Alle waren sich einig, dass ich vollkommen gesund war. Ich nahm an Workshops teil und habe mit Therapeuten und Sozialarbeitern gearbeitet. Ich habe mich mit meiner Familiengeschichte befasst, um meine Eltern besser zu verstehen, und ich habe mich freiwillig in der Politik engagiert, um die Welt zu verbessern.

Nichts half.

Schließlich versuchte ich es mit Religion. Ich klopfte an die Tür jedes einzelnen Klosters in meinem Dorf, alle elf. Ich läutete Glocke um Glocke und bat um eine Unterkunft. Elf Türen wurden mir ins Gesicht geschlagen. Jedesmal hieß es: „Hier ist kein Platz für Sie. Nehmen Sie sich ein Zimmer im Dorf!"

In einem Kloster erlaubte mir der verantwortliche Mönch, eine Nacht zu bleiben. Als er mir sagte, ich sei willkommen, brach ich in Tränen aus.

Es gab nur noch einen Weg für mich: ein Flugticket nach Indien. Ich wusste nichts über Spiritualität. Ich wusste nur, dass ich elf Mal abgewiesen worden war. Als ich zu Amma kam, änderte sich alles. Amma hieß mich mit offenen Armen willkommen. Obwohl ich ihr nichts zu bieten hatte, gab sie mir ein Zuhause.

Jetzt hat sie begonnen, mich zu bearbeiten. Sie lehrt mich und lässt mich verstehen. Bevor ich zu Amma kam, war ich völlig am Ende. Ich war so schwach. Ich wollte ein besserer Mensch werden, aber ich konnte mich einfach nicht ändern.

Amma hat mich gelehrt, dass das Festhalten am Schmerz wie das Festhalten an einem Dornbusch ist, während man verzweifelt schreit, dass es weh tut. Wir sind es, die nicht bereit sind, unseren Schmerz loszulassen. So war ich, und so war mein Leben.

Ich weiß ganz sicher, dass Amma wirklich will, dass ich mein ganzes Leiden aufgebe, auch wenn ich mich manchmal noch so sehr daran klammere. Sie will, dass ich gut und glücklich bin und dass ich mich verändere, mehr noch, als ich es für mich selbst will. Sie überschüttet mich mit mehr Liebe, als ich je erfahren habe, und liebt mich so viel mehr, als ich mich selbst lieben kann.

Langsam und geduldig hilft Amma mir, mich zu veränder. Zum ersten Mal seit ich mich erinnern kann, kann ich lächeln. Dank Amma.

❧ ❧ ❧

Wir verbringen so viel unserer Zeit damit, aufgewühlt und voller Kummer zu sein. Wir machen uns Sorgen um die Zukunft oder bedauern die

Vergangenheit. Wir suchen draußen in der Welt nach dem Glück, in dem Glauben, dass alles in Ordnung kommt, wenn wir dieses mysteriöse Juwel nur erst einmal gefunden haben. Aber irgendwie scheint es immer außerhalb unserer Reichweite zu liegen.

Es ist sehr schwierig, seine Denkweise zu ändern. Dazu muss man sich ganz auf den gegenwärtigen Augenblick konzentrieren. Fast niemand lebt in der Gegenwart (so einfach es auch scheint, es ist extrem schwierig!), aber sollten wir es nicht wenigstens versuchen?

Wenn wir in der Gegenwart verweilen können, werden wir die Herrlichkeit der Schöpfung überall entdecken, selbst an den unbedeutendsten Orten. Sie ist genau hier zu finden, direkt vor unserer Nase. Genau da, wo wir sie am wenigsten erwarten.

Schauen Sie sich doch einmal genau an, was für ein Wunder ein Ei wirklich ist, oder ein Samen. Oder die Vollkommenheit eines Apfels. Wenn wir das Leben durch die unvoreingenommenen Augen des gegenwärtigen Augenblicks betrachten, dann wird das Glück, das wir ständig suchen, von innen aus uns heraus fließen.

Vor kurzem begleiteten einige von uns Amma am Flughafen in die Lounge, während wir auf unseren Flug warteten. Nachdem ich mich vergewissert hatte, dass Amma bequem saß, ging ich zurück, um meine Tasche zu holen, die ich mit einem Verehrer zurückgelassen hatte. Auf dem Weg dorthin sah ich eine andere Verehrerin, die im Boarding-Bereich hoffnungsvoll auf Amma wartete. Ich sagte ihr, sie brauche nicht mehr zu warten, da Amma nicht mehr durch diesen Bereich kommen würde. Wir würden ja direkt aus der Lounge in das Flugzeug einsteigen. Nachdem ich ein paar Worte mit ihr gewechselt hatte, holte ich meine Tasche und kehrte in die Lounge zurück, um mich zu Amma zu setzen.

Plötzlich stand Amma auf und sagte, dass sie zurückgehen wolle, um bei allen anderen im Boarding-Bereich zu sein. Ich protestierte vorsichtig und sagte, dass wir doch direkt aus der Lounge in das Flugzeug einsteigen können. Nur wenige Meter entfernt befand sich eine Ausgangstür, die direkt in das Flugzeug führte. Ich wollte nicht, dass Amma unnötig die Treppen auf und ab steigen musste. Aber Amma bestand darauf: „Nein. Ich möchte eine Weile bei meinen Kindern sein."

Ich brauchte etwas länger, bis ich alle unsere Taschen einzusammelt hatte, sodass Amma allein losging und zur Gruppe zurückkehrte. Die Verehrerin, mit der ich vorhin gesprochen hatte, stand allein im

Flur. Zu ihrem Erstaunen kam Amma um die Ecke und grüßte sie.

Als ich zwei Minuten später auch vorbeiging, starrte mich die Verehrerin nur entgeistert an und stammelte Dinge, die ich nicht wirklich verstehen konnte. Ich wollte zuhören, aber ich musste mich beeilen, um Amma einzuholen.

Einige Tage später schickte mir die Verehrerin eine E-Mail, in der sie erklärte, warum sie keinen zusammenhängenden Satz hatte bilden können, als ich sie am Flughafen gesehen hatte. Sie schrieb:

„WOW, WOW, WOW! Was für eine Gnade! Ich war allein mit Amma für ein paar Sekunden. Sie begrüßte mich, sah mich an und berührte meine Hand. Ich war im Paradies; es fühlte sich an wie ein seliger Traum! Welch ein Glück, mit Amma allein zu sein und dann im selben Flugzeug zu reisen! Ich bin immer noch ganz verzückt!"

Wenn wir die Spiritualität entdecken, wird sie zum größten Schatz in unserem Leben. Wenn wir die Welt mit den Augen der Liebe betrachten, kann etwas Kleines wie eine einfache Berührung und ein paar Worte unser Herz höher schlagen lassen. In Ammas physischer Gegenwart zu sein, bringt uns so viel unvorstellbare Freude und Glückseligkeit. Aber Amma möchte, dass wir nach dem höchsten, dauerhaften Glück in uns selbst streben, und das ist die Fähigkeit, die ganze Zeit mit ihr zusammen zu sein: in unserem Herzen.

Wenn wir uns bemühen, das Göttliche in jedem und allem zu sehen, ganz gleich, wohin uns die Lebensumstände führen, werden wir Frieden und Glückseligkeit finden.

Kapitel 5

Die Entscheidung
zu dienen

*Eine einzige Kerze genügt, um Tausende von
Kerzen zu entzünden. – Der Buddha*

Mein Leben war immer chaotisch gewesen. Ich
wusste, dass ich Menschen helfen wollte, aber ich
konnte nie genau herausfinden, wie. Es war ein vager
Wunsch, etwas wirr und unklar, aber immer präsent.

Ich begann meine berufliche Laufbahn als
Schauspiellehrerin, was ich einige Jahre machte.
Dann wechselte ich auf ein Fischerboot und lebte
zehn Jahre lang im Mittelmeer. Ich verbrachte meine Tage und Nächte damit, tief ins Meer hinunter
zu tauchen. Danach baute ich mir eine Karriere als
Bildhauerin auf. Nach drei Jahren beschloss ich,
mein Atelier zu verkaufen; es war Zeit, weiterzuzie-
hen. Damals hatte ich die Wahl: Entweder ein Auto

kaufen oder eineinhalb Jahre mit Amma in Indien leben. Ich wählte Indien.

Meine Zeit mit Amma war unbeschreiblich schön. Sie hat mir die Augen geöffnet. Ich hatte endlich die Gelegenheit, wirklich zu dienen, was ich ja immer gewollt hatte. Aber ich wusste, dass ich irgendwann nach Hause zurückkehren musste. Einen Monat vor meiner Abreise stellte ich Amma eine Frage. In meinem Herzen hatte ich den tiefen Wunsch, mit jungen Menschen zu arbeiten, doch mir war immer noch nicht klar, was genau ich tun konnte. Ich wusste nur, dass ich irgendwie helfen wollte.

Und so ging ich mit meiner Frage in der Hand auf die Bühne.

„Liebe Mutter, ich möchte dir ewig dienen, aber ich weiß nicht, wie. Ich liebe dich."

Die Übersetzerin sah mich mit erhobenen Augenbrauen an: „Sind Sie sicher, dass Sie wissen, was Sie fragen? Sie wollen Amma ewig dienen?"

Ich nickte.

„Wie möchten Sie dienen?" fragte sie.

Da, vor Amma, nahm in meinem Kopf ein Projekt Gestalt an. Es wurde in diesem Moment geboren. Die Idee kam mir in ihrer ganzen Form.

Ich wollte ein Haus für junge Frauen schaffen, die nirgendwo anders hin konnten, für Prostituierte, für Mädchen, die sexuell missbraucht worden waren. Ein Haus für die Ausgestoßenen der Gesellschaft, für Kinder, die vom System weggeworfen worden waren und die niemand wollte. Ein Reha-Zentrum und Pflegeheim.

Mit einem Raum für Meditation; wir würden unsere eigenen biologischen Lebensmittel anbauen und selbst kochen. Wir würden Workshops, Sport und Yogakurse anbieten. Die Mädchen würden Privatunterricht und regelmäßig Therapie erhalten. Ein sicherer Hort. Ein Ort, an dem ihre Zuhälter sie nicht finden konnten, frei von Drogen und Missbrauch. Ein glücklicher Ort, voller Transformation und Heilung.

Als die Idee für Amma übersetzt wurde, lachte sie laut vor Freude und Begeisterung. Die Freude, die Amma in diesem Moment zum Ausdruck brachte, nährt mich seither.

Wann immer es schwierig war, wann immer ich auf Hindernisse gestoßen bin, habe ich mich an ihr Lachen erinnert. Amma sagte mir dann, dass sie jedes meiner Gebete gehört habe, dass die Idee für das Projekt von ihr gekommen sei und dass dies genau das Projekt sei, das sie in Frankreich auf die Füße stellen wollte.

Als ich sie fragte, wie ich es nennen sollte, hielt Amma inne, als ob sie in die Zukunft blickte und sagte dann, dass mir der Name spontan kommen würde, wenn ich das Haus gefunden hätte.

Es war mir klar, dass Amma den Ort vor ihrem geistigen Auge sehen konnte, dass sie die Erfüllung meines Traums sehen konnte. Dieses Gefühl würde sich als große Unterstützung in den kommenden schwierigen Monaten für mich erweisen.

Als ich nach Frankreich zurückkehrte, begann ich sofort mit der Arbeit an dem Projekt. Ich erstellte eine Website und begann mit der Finanzierungsbeschaffung. Dann kamen der Papierkram und die endlosen Berge Bürokratie.

Ich hatte kein Geld mehr übrig, aber anstatt eine Arbeit anzunehmen und mich auf meine eigenen Bedürfnisse zu konzentrieren (wie ich es in der Vergangenheit vielleicht getan hätte), beschloss ich, mein Projekt in Vollzeit weiterzuführen. Anstatt mir eine Wohnung zu mieten, lebte ich mit verschiedenen Freunden, schlief ein paar Nächte auf dieser Couch und dann auf einer anderen. Wenn es unbedingt erforderlich war, Geld zu verdienen, arbeitete ich kurzfristig in einer Fabrik, um mich über Wasser zu halten. Ich spürte Ammas Gegenwart die ganze Zeit; sie war in jedem einzelnen Augenblick da.

Jedes Mal, wenn ich ein wichtiges Telefonat führen musste, spürte ich, dass Amma direkt neben mir stand. Ihre Gnade folgte mir mit jedem Schritt.

Als ich das nächste Mal zu Ammas Darshan ging, gab ich ihr einen kleinen Baum als Opfergabe. Ich wünschte mir von ihr so sehr, dass sie mir im Gegenzug einen Baum gäbe! Einen Baum, den ich beim Haus pflanzen kann. Stattdessen gab sie mir einen Apfel. Es war das erste Mal überhaupt, dass sie mir einen Apfel gab.

Als ich mich nach meinem Darshan zur Meditation hinsetzte, wurde mir klar, dass sie mir genau den Baum gegeben hatte, den ich mir gewünscht hatte. Es war genau ein Same in diesem besonderen Apfel. Als ich nach Frankreich zurückkehrte, pflanzte ich ihn in die Erde und wartete und wachte geduldig darüber.

Die Arbeit ging weiter. Ich suchte nach einem Haus, füllte sorgfältig alle amtlichen Unterlagen aus und stellte einen Vorstand zusammen. Alles war in Ordnung und am Morgen unserer allerersten Vorstandssitzung keimte die kleine Saat auf.

Alles, was ich jemals wirklich gewollt hatte, mein ganzes Leben lang, war, mit meinen Fähigkeiten, meiner Energie und meinem Leben zu dienen. Bevor ich mit Amma herumreiste, wusste ich nicht, was ich tun konnte, aber Amma gab mir eine Vision. Sie hat meine Phantasie angeregt und mein Herz gestärkt. Ohne sie hätte ich das nie tun können. Jetzt kann ich meinen Traum leben.

Diese Mädchen wissen es noch nicht, aber sie sind Ammas Kinder. Amma hat unser zukünftiges Zuhause gesegnet, und ich habe Vertrauen in sie. Ohne Ammas Gnade, ohne ihre Stärke, wäre alles dies nicht möglich.

Ich weiß, dass es sehr schwierige Momente geben wird. Wir sind mit vielen Herausforderungen konfrontiert: Selbstmord, Gewalt und Drogenmissbrauch (und anderes). Aber es wird auch magische Momente geben. Wenn ich den Ort sehe, sehe ich Freude. Ich sehe Musik und ich sehe Tanz. Ich sehe Ammas Lachen auf den Gesichtern dieser Mädchen und ich weiß, dass sich das Leben dieser Mädchen mit der Zeit verändern wird.

✤ ✤ ✤

Die Jugend von heute wächst in einer schwierigen Zeit auf. Das traditionelle Wertesystem verfällt in den letzten Jahren immer mehr, und darunter leiden unsere Kinder. Aber Amma erinnert uns liebevoll daran, dass es einen anderen Weg gibt.

Amma inspiriert die Menschen, Same für Same, Gedanke für Gedanke, Umarmung für Umarmung, einen positiven Unterschied in der Welt zu schaffen. Wir alle haben die Fähigkeit, auf Mutter Erde zuzugehen und an ihrer Freude teilzuhaben, indem wir etwas Schönes pflanzen, sei es ein Apfelkern oder ein gemeinschaftliches Pflegeheim.

Wenn wir Amma den Samen der selbstlosen Liebe in unser Herz säen lassen, werden wir mit Sicherheit eine reiche Ernte der größten Segnungen und Freuden erleben, die das Leben bieten kann.

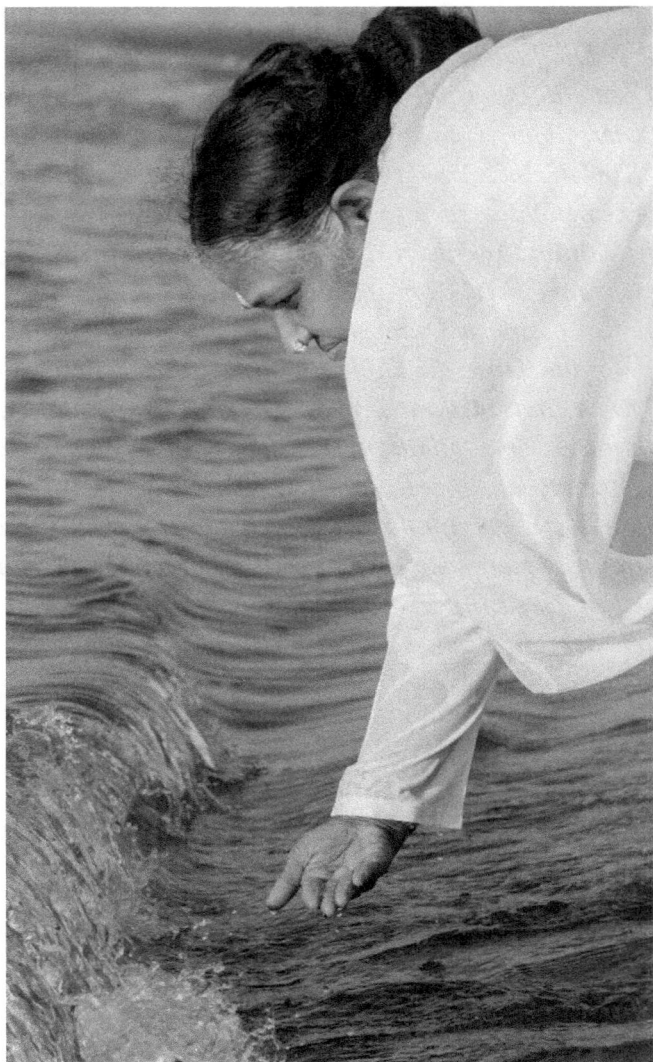

Kapitel 6

Niemals allein

*Der Zweifel ist ein ein zu einsamer Schmerz,
um zu wissen, dass der Glaube sein
Zwillingsbruder ist. – Khalil Gibran*

Als ich jung war, war ich ein Christ, ein Katholik, um genau zu sein. Ich war überaus fromm, aber verärgert über die Kirche. Ich lebte in einer sehr wohlhabenden Gemeinde, in der die Priester goldene Ringe und Uhren trugen und phantasievolle Predigten hielten, aber es war nie die Rede davon, Geld den Armen zu geben oder Obdachlosenheimen zu helfen.

Als ich siebzehn Jahre alt war, hielt die Kirche ein Gemeindetreffen ab, um über ihre Gelder zu sprechen und darüber, wohin das Geld der Kirche gehen sollte. Außer mir nahm niemand teil. Der Pfarrer zeigte mir stolz Zeichnungen eines großen Renovierungsprojekts, das man für die Kirche plante. Fast das gesamte Geld würde in dieses Projekt gehen.

Man wollte das Kirchenhaus selbst doppelt so groß machen, den Parkplatz erweitern, einen Souvenirladen hinzuzufügen und alles kommerzialisieren. Ich wusste, dass es andere Kirchen in der Nachbarschaft gab, die dasselbe taten. Mir erschien das unnötig und extravagant.

„Was ist mit Wohltätigkeit?" fragte ich. „Unterstützen wir keine Wohltätigkeitsorganisationen?" Obwohl ich regelmäßig in die Kirche ging, hatte ich nicht ein einziges Mal gehört, dass der Pfarrer darüber sprach, den Armen zu geben.

„Es gibt ein Krankenhaus, dem wir ein wenig Geld geben", antwortete er verlegen. „Jeden Monat geben wir ihnen einen kleinen Beitrag, aber wir sind nicht die Einzigen, die sie unterstützen. Es gibt eine große Gruppe von Kirchen, die gemeinsam das Krankenhaus sponsern."

Ich trat aus der katholischen Kirche aus.

Die einzige andere Möglichkeit war der Besuch einer der nahe gelegenen protestantischen Kirchen. Wo ich aufgewachsen bin, gab es nur sehr wenige Möglichkeiten: man war entweder Christ oder Atheist.

Die protestantischen Kirchen waren viel lustiger, lebendig, mit Gitarren und Musik. Meine Freunde begannen, mich zu christlichen Rockkonzerten mitzunehmen, die toll waren. Die Musik war leidenschaftlich und zum Teil auch richtig spirituell. Zum ersten Mal in meinem Leben fühlte ich eine echte Verbindung mit einem lebendigen, dynamischen Gott. Aber ich war immer noch nicht zufrieden.

Ich fing an, mit Agnostikern zu sprechen; sie hatten eine Menge wirklich guter Argumente. Als sie mit taffen Fragen zu Gott daherkamen, hatte ich keine Antworten. Ich war zwar immer noch Christ, aber ich war definitiv über viele Aspekte meines Glaubens verwirrt. Ich wollte mich näher bei Gott fühlen. Ich wusste, dass ich etwas suchte, aber ich fühlte mich sehr weit davon entfernt, es zu finden.

Mein größter Wunsch war es, der Welt irgendwie zu Diensten zu sein. Damals war es sehr frustrierend, weil niemand verstand, warum ich das wollte. Ich selbst wusste nicht, warum ich das wollte. Jetzt, nachdem ich Amma begegnet bin, macht das alles viel mehr Sinn.

Als ich aufs College ging, hatte ich zum ersten Mal endlich die Freiheit, selbstständig zu denken. Gleichzeitig war ich sehr einsam und begann, nach einer Beziehung zu suchen. Ich wollte jemanden

finden, der meine Überzeugungen über Spiritualität teilt.

Die meisten Menschen, die ich traf, waren entweder Agnostiker oder extreme Christen; es gab fast
keinen Mittelweg. Dann traf ich jemanden: einen
ehemaligen Christen, der (in meinen verurteilenden
Augen) seinen Glauben aufgegeben hatte. Er hatte
keine Angst davor, in die Hölle oder in den Himmel
zu kommen oder so etwas in der Art. Stattdessen
verbrachte er seine Zeit mit Meditation zu Hause.
Ich verspürte einen ungeheuren Wunsch, ihn zu
retten. Schließlich ist es das, was Christen tun: Wir
retten Menschen.

Hier war meine Aufgabe! Jemand, der die Bibel
gelesen hatte. Und er hatte sie vom Anfang bis zum
Ende gelesen. Tatsächlich war er ein paar Jahre zuvor
einer dieser Leute gewesen, die auf der Straße versuchen, Menschen zu bekehren. Jetzt saß er nur noch
in Meditation zu Hause und war so überhaupt nicht
mehr Christ. Das verwirrte mich zutiefst, ich konnte
es nicht begreifen. Ich dachte, mit ihm stimmt etwas
nicht. Doch die Wahrheit ist: Ich war diejenige, die
Hilfe brauchte, nicht er.

Wir hatten ein paar Monate lang eine tolle Zeit
miteinander. Er hat nie versucht, mich zu retten.

Das war ihm nicht wichtig. Ich war ihm wichtig. Wir sprachen viel über Spiritualität und er führte mich in neue Ideen und Konzepte ein. Er gab mir Bücher über Jesus, die mich Gott in einem ganz neuen Licht sehen ließen. Am wichtigsten war, dass er mir beibrachte, wie man meditiert. Es war eine sehr einfache Art der Meditation und sie gefiel mir sehr gut.

Ich dachte, ich könnte einfach ein meditierender Christ sein. Aber meine guten Freunde von der High School fingen alle an, auszuflippen, total auszuflippen. Sie schickten mir Bibeln, viele Bibeln. Eine von ihnen hat sogar ein Video von ihrer Vorschulklasse gedreht, wie sie im Gebet zusammensitzen. Sie sagte mir, dass sie alle für mich beteten und hofften, dass ich zu Gott zurückfinden würde – all das nur, weil ich zu meditieren begonnen hatte! Es war so skurril.

Dies waren meine engsten Freunde, Menschen, die ich seit Jahren kannte, aber wenn ich ihre Überzeugungen über Jesus in Frage stellte oder auch nur eine Diskussion über das Thema eröffnete, wurden sie wütend und regten sich auf und beendeten das Gespräch. Ich war bestürzt.

Sie behaupteten, ich würde in die Hölle kommen. Alles war schwarz-weiß für sie. Meine Cousine sagte mir ganz sachlich, wenn ein Baby stirbt, bevor es Jesus in sein Herz aufnehmen kann, dann kommt dieses Baby in die Hölle. Ein Baby? Wo war der liebende Gott bei all dem?

Ich wusste, dass meine Freunde und meine Familie nicht selbstständig dachten. Sie konnten die biblischen Verse alle rezitieren, aber wenn man sie fragte, konnten sie nicht sagen, was die Worte bedeuten. Als ich anfing, sie in Frage zu stellen, wandten sie sich alle gegen mich.

Etwa zu dieser Zeit entwickelte ich eine Freundschaft mit einer Frau, die ich in meinen College-Kursen kennen gelernt hatte. Sie war eine Amma-Verehrerin, aber im Gegensatz zu meinen High-School-Freunden war sie unterstützend und versuchte nie, mich zu bekehren. Wir wurden sehr enge Freundinnen. Wann immer sie über Amma sprach, was nicht allzu oft vorkam, stellte ich gewöhnlich eine Verbindung zu Jesus her. Sie lächelte einfach, und alles war gut.

Schließlich brachte sie mich zu ihrer Satsang-Gruppe. Es waren nur einige wenige Menschen, die sich versammelten, um Bhajans zu singen und gemeinsam zu Abend zu essen. Mein erster Eindruck war, dass die Leute ganz nett waren, aber der Satsang war schräg (wirklich schräg). Und diese Leute beteten eine Frau an! Ich wusste nur eines ganz genau: Wir dürfen niemanden außer Jesus anbeten. Ich wusste, dass ich nie wieder hingehen wollte. Es war Götzendienst. Es war falsch.

Ehrlich gesagt, ich war eh nur zu dem Treffen gegangen, um meine Freundin glücklich zu machen, aber das war nichts für mich.

Nach einiger Zeit hatte ich eine schreckliche Nacht. Mein Freund und ich hatten uns ein paar Wochen zuvor getrennt und ich fühlte mich völlig verlassen. Seit unserer Trennung war ich eh schon voller Kummer, aber in dieser Nacht war es ganz aus. Ich lag auf meinem Bett und schluchzte.

Plötzlich hatte ich Angst, dass ich mich selbst verletzen könnte. Ich wusste, dass ich aus dem Zimmer hinaus an die frische Luft musste. Ich wusste nicht, wohin und es war mir auch ziemlich egal, wo ich landete.

Ich begann zu fahren, fuhr blindlings um Kurven und fuhr immer weiter aus der Stadt hinaus. Ich weinte derart, dass kaum aus den Augen sehen konnte. Ich hatte keine Ahnung, wo ich war und wohin ich fuhr. Nach einiger Zeit fand ich mich auf dem Land wieder, als ich plötzlich den Ort erkannte.

Es war das Amma-Zentrum, wohin mich Monate zuvor meine Freundin gebracht hatte. Ich hatte beim besten Willen nicht gewusst, wie man da hin kommt, aber irgendwie war das Auto dort gelandet.

Es war ein oder zwei Uhr morgens, als ich ankam. Kein Mensch war da.

Ich ging zu dem einzigen Gebäude, das ich sah, und versuchte es an der Tür. Sie war unverschlossen! Ich konnte es kaum glauben! Der große Raum war bis auf ein riesiges Bild von Amma fast völlig leer. Die einzige Lampe beleuchtete ihr Gesicht.

Ich wusste nichts über Amma, wer sie war und was das alles bedeutete. Aber ihr Lächeln war einfach hinreißend! Als ich schluchzend vor diesem Foto saß, schüttete ich ihr mein Herz aus und erzählte ihr all meinen Kummer.

Es fühlte sich wirklich so an, als ob sie zuhören würde. Irgendwie wusste ich, dass sie mich hören konnte. Es war eine spürbare Präsenz im Raum, und ich fühlte mich getröstet. Ich wollte nur noch, dass sie mich hält.

In der Ecke des Raumes befand sich ein winzig kleiner Laden mit einem Tisch voller entzückender kleiner Amma-Puppen. Seit ich sechs Jahre alt war, hatte ich kein besonderes Interesse mehr an Puppen gehabt, aber ich hatte einen überwältigenden Wunsch nach einer eigenen Amma-Puppe.

Ich nahm eine in die Hand und hielt sie lange in meinen Armen. Es fühlte sich an, als ob Amma selbst mich durch die Puppe hindurch umarmen würde. Ich musste sie haben. Ich überprüfte, wie viel Geld ich dem Zentrum schulden würde, und nahm sie mit nach Hause.

Als ich in meine Wohnung zurückkam, ging die Sonne schon auf. Ich fiel erschöpft auf mein Bett und schlief ein, meine kleine Amma an mich klammernd. Als ich später am Morgen aufwachte, ging es mir viel besser. Der Kummer war fast ganz vergangen. Von da an hielt ich immer, wenn ich traurig war, die kleine Puppe in der Hand, und ich wusste, dass alles gut werden würde.

Ich kann nicht sagen, dass mein Schmerz in dieser Nacht ganz verschwunden ist, oder dass sich von da an alle meine Probleme auf der Stelle verflüchtigt haben, aber es gab sicherlich eine große Veränderung. Von dieser Nacht an habe ich immer einen tiefen, tiefen Mut und eine Stärke in mir gespürt, die aus dem Wissen herrühren, dass Amma immer bei mir ist.

※ ※ ※

Amma hat immer ein offenes Ohr für unsere Hoffnungen und Träume, unseren Schmerz und unsere Gebete. Sie versteht uns gründlicher, als wir uns selbst.

Sie kann durch die dunkelste Nacht hindurch bis in unsere Seelen blicken, auch wenn wir nur die inneren Mauern der Trennung und des Schmerzes spüren, die uns voneinander trennen. Auch wenn wir ihre Gegenwart nicht spüren, sollten wir uns daran erinnern: Egal was passiert, sie ist immer bei uns.

Vor Jahren, als wir in einem Zug in Indien unterwegs waren, erwähnte Amma, dass alles, was sie tut, eine Bedeutung hat. Sie sagte das mitten in der Nacht, irgendwo auf einer Zugfahrt zwischen Neu-Delhi und Kalkutta.

Als der Zug in einen Bahnhof einfuhr, erhob sich der Gesang vom Bahnsteig: „Om Amriteshwaryai Namaha... Om Amriteshwaryai Namaha..."

Verehrer hatten sich am Bahnsteig versammelt, um einen Blick auf Amma zu werfen. Amma sprang auf und eilte zur Wagentür, um die Leute zu sehen.

„Kannst du sie öffnen?" fragte sie. Der Riegel klemmte, aber plötzlich löste er sich und Amma konnte die versammelte Menge anlächeln... aber es dauerte nur einen Augenblick. In dem Moment, als sich der Zug wieder in Bewegung setzte, schlug die Tür wieder zu.

Amma war noch nicht fertig. Sie drückte ihr Gesicht gegen das Fenster und lächelte jeden auf dem Bahnsteig liebevoll an. Liebe strömte durch dieses Zugfenster; nur ein dünnes Stück Glas trennte Amma von den Menschen draußen. Sie rannten mit dem Zug mit, Tausende Hände streckten sich nach Amma, um sie zu berühren, oder zumindest das Glas zwischen ihnen. Sie drückte ihre Hand gegen das Fenster und gegen die Handfläche eines Mannes an, die gegen die andere Seite des Glases gepresst wurde. Dann die Hand einer Frau.

Als der Zug langsam aus dem Bahnhof fuhr, kehrten wir in Ammas Abteil zurück. Dort war die Scheibe dunkel. Die Menschen konnten Amma nicht sehen, aber Amma konnte sie sehen. Sie sah, wie alle dem Zug nachliefen und nach ihr riefen. Einige hoben zum Abschied die Hände über den Kopf, während andere *versuchten, das Glas zu berühren, denn es war immerhin ihr Fenster...*

„So ist die Welt", sagte Amma, als sie die Szene beobachtete. „Ich kann sie sehen, aber sie können mich nicht sehen. Der Guru sieht alles und jeden, aber niemand sieht wirklich den Guru."

Kapitel 7

Gut gemacht

Die hartnäckigste und dringlichste Frage des Lebens ist: „Was tust du für andere?" – Martin Luther King

Ich wollte früh aufstehen und gleich zu Ammas Programm gehen, aber so kam es natürlich nicht; ich habe verschlafen. Eine Freundin rief am späten Vormittag an und weckte mich. „Wo bist du?" fragte sie. „Kommst du?" Amma war in Los Angeles und ich würde ihr zum ersten Mal begegnen.

Ich sprang aus dem Bett, eilte zum Veranstaltungsort und kam gegen elf Uhr vormittag an. Meine Token-Nummer war ZZYZ oder so etwas Verrücktes und die freiwilligen Helfer meinten, ich würde meinen Darshan wahrscheinlich nicht vor etwa drei Uhr früh am nächsten Morgen bekommen. Ich hatte also sehr viel Zeit und so fing ich an, herumzuwandern und zu erkunden.

Das erste, was mir auffiel, waren all die ehrenamtlichen Aktivitäten und Wohltätigkeitsorganisationen,

die Amma betreibt. Ich mache liebend gerne ehren-
amtliche Arbeit, deshalb habe ich viel Zeit damit
verbracht, alles über die Dienstprojekte von Amma
zu lesen. Dann ist mir der Laden aufgefallen: ein
Einkaufszentrum hier? Ich war so aufgeregt. In diesem Moment begann die Band zu spielen. Ein Einkaufszentrum und eine Band? Ich war im Himmel.

Ich wusste nicht, was das für ein Ort war, aber
ich liebte ihn.

Meine Freundin winkte mich zu sich. Sie hatte
mir einen Sitzplatz in etwa zehn Reihen von Amma
entfernt freigehalten. Der Typ neben mir war auch
neu und wir unterhielten uns eine Weile. Ich drehte
mich um, um Amma anzuschauen. Plötzlich bewegten sich die Menschen vor ihr zur Seite. Es war wie
die Teilung des Roten Meers!

Sie sah mich direkt an und lächelte.

Das Gefühl der reinen Liebe aus ihrem Blick
schwappte über meinen ganzen Körper. Ich hatte
das Gefühl, in weiche Watte gepackt zu sein. Ich
erinnere mich, dass ich dachte: „Es fühlt sich an
wie Liebe, aber nicht wie irgendeine Liebe, die ich
je zuvor empfunden habe." Ich musste unbedingt
näher ran. Ich schob mich hinter der Band in die
erste Reihe. Da saß ich und starrte Amma an; je

länger ich starrte, desto mehr füllte sich mein Herz. Sieben volle Stunden lang saß ich wie angewurzelt an dieser Stelle, ohne mit der Wimper zu zucken.

Ich ging jeden Tag zum Programm, während Amma in Los Angelese war. Am Morgen, nachdem sie wieder gefahren war, wachte ich auf und mein Verstand drehte sich: „Was mache ich jetzt?" fragte ich mich. Es reichte mir nicht, Amma eines Tages wiederzusehen; ich wollte Amma jeden Tag wieder sehen. Ich wollte nur noch mit ihr zusammen sein. Ich verbrachte Stunde um Stunde damit, darüber nachzudenken, wie ich das verwirklichen konnte.

Ich fühlte mich traurig und übermannt, nachdem sie gefahren war, und musste mich wieder auf den Boden der Tatsachen zurückholen. „Ach, vielleicht gehe ich einkaufen", dachte ich mir. „Das hilft immer!" Also kaufte ich einen Kaffee und ging ins Einkaufszentrum, um Schuhe zu kaufen. Ich saß im Schuhgeschäft auf der Couch und dachte: „Was ist nur los mit mir?" Es war alles viel weniger verlockend als früher.

Ich wanderte ein wenig herum und fand schließlich ein paar Paar Schuhe, das mir gefiel, aber alle paar Schritte blieb ich abrupt stehen und fing wieder an, von Amma zu träumen. „Was mache ich denn!"

dachte ich bei mir. „Was will ich denn mit diesen Schuhen hier! Ich will doch nur mit ihr sein!"

Als ich zur Kasse ging, sprach mich eine junge Frau an. Sie zeigte auf die Schuhe in meiner Hand und sagte: „So schöne Schuhe! Wo haben Sie die denn gefunden?" Ich deutete zurück in Richtung der Ablage, wo ich sie gefunden hatte. Wir kamen ins Gespräch.

Sie erzählte, dass sie in zwei Stunden zu einer Hochzeit gehen würde und keine schönen Schuhe hätte. „Ich hasse einkaufen!" sagte sie. „Ich fühle mich immer so verloren und überfordert in diesen riesigen Kaufhäusern." Sie dankte mir, dass ich ihr die richtige Richtung gewiesen hatte, und wir trennten uns.

Nachdem ich an der Kasse bezahlt hatte, kam das Mädchen wieder. Sie fragte die Frau an der Kasse, ob es noch ein weiteres Paar dieser Schuhe gäbe, die ich gerade gekauft hatte.

„Das ist das letzte Paar", antwortete die Verkäuferin unbeteiligt. Die Schultern des Mädchens sackten leicht ab, als sie wieder ging und ein wenig traurig aussah.

Da schoss mir plötzlich, wie aus dem Nichts, ein seltsamer Gedanke durch den Kopf: „Lass sie nicht gehen! Geh und gib ihr deine Schuhe!"

„Was?! Auf keinen Fall! Das mach ich nicht!"

Der Gedanke kam noch lauter zurück. „Lass das Mädchen der Laden nicht verlassen! Geh hin zu ihr und gib ihr deine Schuhe!"

„Nein!" befahl ich mir selbst. „Ich werde diesem Mädchen ganz sicher nicht nachrennen! Das ist ja total verrückt! Ich behalte meine Schuhe."

Der Gedanke kam wieder. Er ließ sich nicht ignorieren.

Ich sah mich ein paar Minuten lang um und versuchte halbherzig, sie zu finden. Sie war nirgends zu sehen. Ich war überzeugt, dass sie den Laden verlassen hatte, und seufzte erleichtert.

Da kam sie wieder herein.

Und jetzt? Ich ging zu ihr hin und sagte: „Hier, nehmen Sie die Schuhe. Sie brauchen sie mehr als ich." Sie sah mich ganz entsetzt an, als wären mir zwei Köpfe gewachsen oder so etwas. „Das ist total verrückt! Das kann ich nicht machen. Das sind Ihre Schuhe!"

"Ja, aber Sie gehen in zwei Stunden zu einer Hochzeit und ich nicht. Ich habe sie nur gekauft,

um irgendwas zu kaufen. Sie brauchen sie. Ich nicht."
Sie sagte nichts. "Schauen Sie, es ist nicht verrückt.
Wir werden es nicht verrückt machen. Nehmen Sie
einfach die Schuhe und probieren Sie sie an."

Sie sah mich einen Moment lang an: „Echt…?"
Die Schuhe passten genau. Sie war eindeutig begeistert, schaute mich aber schüchtern an: „Sind Sie
sicher?"

„Hören Sie, ich will nicht darüber diskutieren."
Ich rollte mit den Augen: „Nehmen Sie schon!"

Plötzlich überkam mich ein starkes Kribbeln am
ganzen Körper. Es war genau dasselbe Gefühl, das
ich bei meinem ersten Darshan mit Amma gehabt
hatte. Plötzlich war alles klar: „Das ist es! Das ist
Ammas Lehre!"

Sie lächelte glücklich und sagte: „Das ist mit am
Schönsten, was mir je passiert ist! Und ich kenne
Sie nicht einmal! Das werde ich auf der Hochzeit
allen erzählen. Und jedes Mal, wenn ich in meinen
Schrank schaue, werde ich an Ihre Güte denken
und das wird mich daran erinnern, ebenfalls gütig
zu sein."

Es war die einfachste Sache, eine kleine Geste in
einem Kaufhaus in Los Angeles, nur ein Paar Schuhe… aber es war mehr als das. In diesem Moment

war Amma da. Ich hatte das Gefühl, ihren Darshan erhalten zu haben.

Was ich in diesem Moment verstanden habe, ist, dass dieser eine kleine Akt des Gebens wirklich einen Dominoeffekt erzeugt.

Trotz dieser großen Offenbarung für mich war ich immer noch völlig ungeerdet, also tat ich das einzige, was Sinn machte: Ich ging wieder einkaufen. Dieses Mal ging ich in den Apple Store.

Wieder saß ich, wie im Schuhgeschäft, mit meinem Kaffee da und fragte mich: „Moment, was ist gerade schon wieder los?"

Ich drehte mich um. Neben mir stand ein kleines Mädchen, das genau wie Amma aussah. Sie hatte die gleiche Hautfarbe, das gleiche Haar, die gleichen Augen und die exakt gleiche Nase. Sie kletterte auf den Hocker neben mir und saß da mit der Hand auf dem Kinn, genau so, wie es Amma oft tut. Sie schaute mir in die Augen und lächelte.

Ich wusste genau, was Amma mir damit sagte: „Das hast du gut gemacht!"

Es ist wichtig, an andere zu denken und nicht nur an das, was wir selbst brauchen oder wollen. Spiritualität ist im Grunde sehr praktisch: bodenständig und praktisch. Spiritualität ist genau betrachtet nichts anderes, als der gute alte gesunde Menschenverstand, den wir alle haben.

Amma lehrt uns, die Unterscheidungsfähigkeit zu nutzen, die bereits in uns steckt. Wir alle haben die Intuition, Recht von Unrecht zu unterscheiden. Wenn wir dem einfach folgen, während wir versuchen, anderen Menschen zu helfen, und nicht, sie zu verletzen, dann werden wir intuitiv wissen, wie wir uns richtig verhalten müssen.

Amma weist oft darauf hin, dass selbst das Wort „Liebe" immer nur ein lebloses Wort bleiben wird, wenn wir kein Mitgefühl in unsere Handlungen einfließen lassen. Wir werden niemals in der Lage sein, wahre Liebe zu erfahren, solange unser Herz nicht tiefes Mitgefühl für andere empfinden kann.

Und wenn wir einmal unsere eigenen Bedürfnisse aufgeben, um jemand anderes zu helfen, gewinnen wir manchmal tatsächlich mehr, als wenn wir einfach immer nur für uns selbst nehmen. Wenn wir Gutes für andere tun, öffnet sich unser Herz und schafft Raum für Amma.

Kapitel 8

Liebe finden

Dunkelheit kann Dunkelheit nicht vertreiben; nur Licht kann das. Hass kann Hass nicht vertreiben; nur Liebe kann das. – Martin Luther King Jr.

Ich habe eine wunderbare Mutter. Sie war immer für mich da. Sie hat mich umsorgt, mich geliebt und sich immer sehr um mich gekümmert. Mein Vater? Hat sie geschlagen. Manchmal weinte sie, aber sie hat sich nie beschwert. Ich glaube, irgendwo hat sie immer geglaubt, dass sie es verdiente.

Mich schlug mein Vater nie, aber er schien mich auch nie sehr zu mögen. Ich war nie gut genug für ihn und es gab nichts, was ich tun konnte, um ihn stolz zu machen.

Eines Tages in der Schule, als ich etwa acht Jahre alt war, tat ich endlich etwas, was mich sehr stolz machte. Unsere Lehrerin gab unsere Aufsätze zurück, und meiner hatte ein A+ in großen roten Buchstaben über die erste Seite gekritzelt. Ich war so gespannt. Endlich etwas, das ich meinem Vater zeigen konnte!

Er nahm den Aufsatz und runzelte die Stirn. Als er meinen zweiseitigen Aufsatz las, den ich sorgfältig in meiner allerbesten Handschrift verfasst hatte, vertieften sich die Furchen in seiner Stirn. „Da", sagte er. "Hier. Du hast einen Fehler gemacht." Ich hatte ein Wort falsch geschrieben. Er war wütend und gab mir drei Tage lang Hausarrest.

Als ich zwölf Jahre alt war, ist mein Vater einfach gegangen. Zum ersten Mal konnte ich aufatmen: keine Gewalt mehr, keine Angst mehr. Ich erinnere mich, wie ich mit dem Schulbus nach Hause fuhr, und zum ersten Mal in meinem Leben krampfte sich mir nicht vor Angst der Magen zusammen.

Ich legte mir einen Freund zu. Dann einen anderen. Zwischen zwölf und sechsundzwanzig (als ich Amma kennenlernte) gab es immer mindestens einen Mann in meinem Leben. Normalerweise hatte ich zwei Freunde gleichzeitig, nur um sicher zu gehen. Auf diese Weise wäre ich nicht allein, wenn mich einer von beiden verlassen würde. Manchmal wussten meine Männer voneinander, manchmal nicht. Es war mir egal.

Ich wollte hauptsächlich Gesellschaft, aber sie haben immer mehr erwartet. Ich gab es ihnen. Ich sah es als Bezahlung für die geleisteten Dienste: den Dienst, dieses schreckliche, drohende Gefühl der Einsamkeit in Schach zu halten. Ich hatte das Gefühl, dass ich ihnen für ihre Freundschaft etwas schuldete.

Ich selbst hasste mich, ich verabscheute mich, und das leidenschaftlich. Ich dachte, alle anderen würden das auch tun; zumindest, wenn sie mich erst einmal kannten. Ich war wütend und gewalttätig, genau wie mein Vater. Ich verbrachte meine ganze Zeit damit, immer nur darauf zu achten, meine Grundbedürfnisse zu erfüllen. Meine Welt war voller Feinde; meine einzigen Freunde mussten mit Gefälligkeiten bestochen werden.

Mein Leben ging nirgendwohin, und ich bliebt an nichts lange interessiert. Ich gab meine Ausbildung auf und hasste jeden Job, den ich jemals versucht habe. Ungeachtet der Tatsache, dass ich in zwei (oder manchmal drei) festen Beziehungen war, fühlte ich mich völlig allein.

Eines Abends erreichte ich den Tiefpunkt. Als ich schluchzend auf dem Boden meiner Wohnung lag, rief ich zu Gott: „Du musst mich retten! Hol mich hier raus! Ich kann nicht mehr!"

Das war der Moment, als Amma kam.

Ein Freund von mir war ein begeisterter Verehrer. Als Amma nach Europa kam, rief er mich jeden Tag an und drängte mich, mitzukommen und ihr zu begegnen. Er war richtig lästig. Nur um ihn zum Schweigen zu bringen, stimmte ich zu, meine Chefin um Urlaub zu bitten. Ich wusste, sie würde Nein sagen. In dem Restaurant, in dem ich arbeitete, war viel los und wir waren völlig unterbesetzt. Wir arbeiteten eh schon 18-Stunden-Tage.

Als ich fragte, schaute mich meine Chefin an, sichtlich überrascht von meiner Bitte. „Und wird Ihnen das was bringen?" fragte sie.

Was sollte ich sagen? Ich sagte ihr: „Ja. Mein Freund ruft jeden Tag an, um mich davon zu überzeugen, dass ich es brauche!…"

„Reichen zwei Tage oder brauchen Sie mehr?"

Ich war sprachlos.

Ich kam ein paar Tage später zum Programm und fühlte mich nervös und skeptisch. Ich nahm vorne Platz und wartete auf die Ankunft dieser „Amma".

Als sie den Saal betrat, sah ich nur Licht. Es war eine riesige, helle Energie, größer als die Halle selbst.

Das Licht schien sich um ihren kleinen Körper zu bewegen. Es kam von ihr, war aber nicht auf sie beschränkt.

Nach meinem Darshan mit Amma konnte ich mich zum ersten Mal im Leben entspannen. Ich weinte die ganze Nacht.

Ich wusste, ich hatte Gott gefunden.

Ich dachte, ich sei stur, aber mit Amma habe ich meinen Meister getroffen. Sie hat mich gezwungen, mich zu verändern, ungeachtet aller meiner Bemühungen, mich selbst zu zerstören.

Die erste Veränderung, die sie in mein Leben gebracht hat, war völlig erschütternd. Quasi über Nacht wurde ich für Männer absolut unattraktiv. Meine beiden Freunde haben mit mir Schluss gemacht, einer direkt nach dem anderen. Es war schrecklich.

Zu dem Zeitpunkt habe ich meine erste Freundschaft mit einer Frau entwickelt. Dann die zweite. Ich hatte immer Angst vor Frauen, weil ich sie nie manipulieren konnte. Jetzt hatte ich zum ersten Mal seit fünfzehn Jahren Personen in meinem Leben, mit denen ich ganz frei konnte.

Das seltsamste war, dass sie mich offensichtlich tatsächlich mochten!

Einige Monate, nachdem ich Amma zum ersten Mal getroffen hatte, besuchte ich ihren Ashram in Indien und sah Frauen, die 18-Stunden-Tage in der Küche arbeiteten, genau wie ich, aber im Gegensatz zu mir schienen sie ganz begeistert davon zu sein. Ich habe eine von ihnen einmal gefragt: „Arbeitest du wirklich den ganzen Tag und magst es...?"

Es schockierte mich, dass jemand freiwillig arbeiten würde. Wenn ich damals die Wahl gehabt hätte, hätte ich nie einen Finger gerührt.

Als ich anfing, Seva zu machen, habe ich zum ersten Mal in meinem Leben etwas gefunden, das mich tatsächlich interessiert hat. Ich liebe Seva; es fühlt sich an, als würde man die Schleusen der Gnade öffnen. Immer wenn ich ein Problem habe, mache ich einfach Seva, und ich fühle mich dann immer ein bisschen besser.

Amma unterstützt mich und trägt mich, egal wie hart ich kämpfe oder wie viele schreckliche Dinge ich getan habe. Sie steht zu mir, trotz meiner vielen Fehler und Schwächen. Sie kennt mich im tiefsten Grunde meiner Seele und sie hasst mich nicht. Sie liebt mich so, wie ich bin.

Ich suche nicht mehr verzweifelt nach Männern, die mich lieben. Amma hat das klaffende Loch in meinem Herzen gefüllt. Ich weiß, dass ich bedingungslos geliebt werde, und dieses Bewusstsein hat mir geholfen, damit zu beginnen, mich selbst zu lieben.

❧ ❧ ❧

Der Verstand ist voll von flüchtigen Gedanken und Emotionen, aber das bedeutet nicht, dass wir sie ausleben müssen. Jeder hat Wünsche; Wünsche sind nicht das Problem. Das Problem entsteht, wenn wir auf diese Wünsche in einer Weise reagieren, die andere und uns selbst verletzt.

Wenn wir Schmerz oder Zorn empfinden, fallen wir besonders schnell in vielleicht falsche Reaktionsmuster und sind anfällig für schlechte Entscheidungen. In solchen Momenten ist es besonders schwierig, klar und mit der richtigen Unterscheidungsfähigkeit zu handeln. Dennoch ist es wichtig, dass wir auf Situationen achtsam reagieren, um zu vermeiden, dass wir etwas tun, was wir später vielleicht bereuen.

Erinnern Sie sich daran, warum Sie auf diese Erde gekommen sind, und lassen Sie es nicht zu, dass Sie schlechte Entscheidungen treffen! Wenn wir durch unser

Verhalten anderen Schaden zufügen, sind wir selbst die Person, die wir am meisten verletzen.

Wenn schlimme Dinge geschehen, denken die Menschen manchmal, dass Gott grausam ist. Sie verlieren ihren Glauben und klagen: „Was für ein Gott lässt so viel Leid zu?!" Amma verstand schon als junges Mädchen, dass jede unserer Handlungen Folgen trägt. Manchmal brauchen diese Folgen ein ganzes Leben, ehe sie sich manifestieren, aber unsere Handlungen werden immer wieder auf uns zurückkommen.

Wir können unserem Karma nicht entgehen, aber es ist wichtig, sich daran zu erinnern, dass der unergründliche Kreislauf des Karma immer versucht, uns etwas Gutes zu lehren. Wenn unser Karma in Form einer harten oder schmerzhaften Erfahrung zu uns zurückkehrt, dient es dazu, uns aus dem tiefen Schlaf der Unwissenheit zu erwecken. Gott ist nicht grausam; das Göttliche versucht immer nur, uns zu segnen oder uns vom falschen Weg abzubringen.

Im Hinduismus und Buddhismus heißt es manchmal, der Guru sei größer als Gott, weil Gott uns nur das gibt, was wir verdienen (um uns wachsen zu lassen), der Guru hingegen uns nur Liebe und Vergebung gibt. Wir können dies in Amma sehr deutlich sehen in der Art und Weise, wie sie mit den Tausenden von Menschen umgeht, die jeden Tag zu ihr kommen. Durch sie fließt die Liebe Gottes in diese Welt. Sie nimmt uns mit all unseren menschlichen Schwächen an. Sie erhebt uns und führt uns auf den Weg zum Ziel der menschlichen Existenz.

Amma ist eine Verkörperung der Liebe. Sie kam aus reinem Mitgefühl für unser Leiden zu uns. Egal, wie viele Fehler wir auch machen, Amma liebt uns. Sie ermutigt uns geduldig und beharrlich, wie die Lotusblume zu sein: Die Wurzeln im Morast, die Blüte der Sonne entgegengestreckt.

Kapitel 9

Arjuna werden

Läute die Glocke, die noch klingen kann,
Vergiß die perfekte Gabe in deiner Hand.
Es gibt in allem einen Riss,
Damit dort das Licht dich küsst.

– Leonard Cohen

Ich war ein einsames Kind. Ich hatte keine Freunde, und meine Eltern arbeiteten beide die ganze Zeit. Sie stellten immer jemanden ein, der sich um mich kümmerte, so dass ich sauber und wohlgenährt war undsoweiter, aber ich fühlte mich immer allein.

Meine Mutter arbeitete Tag und Nacht. Wenn sie zu Hause war, verbrachte sie ihre gesamte Zeit in ihrem Büro. Ich durfte nur bei ihr sitzen, wenn ich mucksmäuschenstill blieb: kein Flüstern, kein Schlurfen, kein Kratzen am Bleistift und kein Niesen. Es wäre für jeden schwierig gewesen, und dann erst für ein hyperaktives Kind! Wenn ich zu laut schlucke, könnte ich rausgeschmissen werden.

Eines Tages, als ich fünf Jahre alt war, fiel mir eine Wimper auf die Wange. Meine Mutter nahm sie und sagte mit einem Lächeln: „Wünsch dir was!"

Wimpern erfüllten Wünsche?

Ich begann, zu wünschen. Ich wünschte und wünschte und wünschte.

Als ich zwölf Jahre alt war, waren alle meine Wünsche aufgebraucht. Ich hatte keine Wimpern mehr. Ich machte mit den Augenbrauen weiter. Meine Eltern haben es nicht bemerkt, aber die Schulkrankenschwester schon. Sie rief zu Hause an, und ich wurde in Therapie geschickt.

Das hat nichts geholfen.

Ich machte am Kopf weiter. Ich war dreizehn Jahre alt, als ich meine erste kahle Stelle auf dem Hinterkopf bekam. Wie ein alter Mann. Ich wünschte mir nichts mehr, aber es gab ein seltsames Gefühl des Trostes, wenn ich mir die Haare auszog. Wie ein alter Freund, der mir Gesellschaft leistete und mir Trost spendete. Ich wusste keine andere Möglichkeit, die allgegenwärtige Nervosität und Unsicherheit zu beruhigen.

Zwischen dreizehn und achtzehn habe ich mir nie die Haare schneiden lassen. Es war mir zu peinlich. Nur einmal hat meine Mutter darauf bestanden. Sie erzählte dem Friseur am Telefon, dass ich Leukämie hätte; so würden wir uns nicht wegen meiner kahlen Stellen schämen müssen. Ich rastete aus. Natürlich sind wir nicht zum Friseur gegangen. Danach gab sie auf.

Im College schnitt ich mir die Haare mit Hilfe einer Schere und eines Spiegels ab. Es war das Einzige, was mir half, diesem Zwang zum Zupfen Herr zu werden. Mehr und mehr hatte ich begonnen, mein Haar als abscheuliches böses Monster auf meinem Kopf wahrzunehmen. Es war dick, eklig und klebrig. Da saß Dämon auf meinem Kopf und ich konnte es nicht ertragen. Mir die Haare abzuschneiden war die einzige Möglichkeit, diesen Zwang zu beherrschen. Es war die einzige Erleichterung für mich.

Oft träumte ich davon, langes, schönes, dickes Haar zu haben, wie in meiner Kindheit... Aber ich wusste, dass ich das in diesem Leben nie wieder erreichen würde. Ich war unheilbar.

Ich habe alles versucht, jede Art von Therapie: Verhaltenstherapie, Gesprächstherapie, Suchttherapie. „Es tut mir leid", sagte ein Arzt zu mir.

„Vielleicht sollten Sie es mit einem anderen Arzt versuchen. So lange dauert es nie!" Ich habe es mit Schamanen versucht. Ich habe es mit Magie versucht. Ich habe es sogar Exorzismus versucht. Nichts half. Zwanzig Jahre lang half nichts.

Dann begegnete ich Amma.

Zuerst änderte sich nichts, und der Zwang war so stark wie eh und je. Wenn das Verlangen schlimm wurde, rasierte ich mir immer noch den Kopf mit einer Schere. Mein Kopf war mit großen kahlen Stellen übersät, und ich habe mit den zentimeterlangen Schnauzenschnitten, die ich mir selbst verpasst habe, wahrscheinlich wirklich komisch ausgesehen.

Etwa ein Jahr, nachdem ich Amma zum ersten Mal getroffen hatte, zerbrach im Sommer mein Mala (Gebetskette). Ich war damals mit Amma unterwegs und beschloss, aus den Perlen zwei passende Armbänder herzustellen: eines für mich und eines für sie. Ich gebe zu, sie waren eigentlich ziemlich schrecklich waren, aber ich fand sie umwerfend. Ich hatte sie mit so viel Hingabe gemacht. Ehrlich gesagt, es waren Armbänder, die nur eine Mutter lieben konnte. Ich trug sie beide, während ich auf meinen Darshan wartete.

Dann habe ich sie in der Toilette getragen ...

Da packte mich auf einmal brennende Scham. Abscheu und Ekel überkamen mich, mir wurde ganz übel. Wie konnte ich Amma ein Geschenk geben, das ich gerade auf der Toilette getragen hatte?

Mir blieb schier die Luft weg, als mir klar wurde, was ich da getan hatte. Ich konnte es niemandem sagen, es war entsetzlich und peinlich. Ich wusste nur, wenn es herauskäme, würden alle es widerlich finden. Ich war Schmutz und mein Geschenk war Schmutz. Mir war ganz schlecht bei dem Gedanken, der Göttlichen Mutter etwas derart unreines zu geben.

Ich wusste nicht, was ich tun sollte. Ich hatte dieses Armband nur für sie gemacht, mit so viel Liebe. Schließlich beschloss ich unter Qualen, dass ich das Armband Amma geben musste, es gab keinen anderen Weg. Was hätte ich sonst tun können?

Ich nahm meine ganze Scham und Schande mit zu Amma und legte das Armband um ihr Handgelenk.

Mit kindlicher Freude flüsterte ich in ihr Ohr: „Amma, jetzt passen wir zusammen!" Sie zog mich ganz nah heran. Ich hörte ihre Antwort in meinem Herzen: „Wir müssen im Inneren zusammenpassen!" In diesem Moment verschwand all meine Scham.

Ich habe buchstäblich gespürt, wie es hochkam und ging. Plötzlich wusste ich ohne jeden Zweifel, dass ich mir nicht mehr die Haare ausreißen musste.

Und ich hörte auf damit.

Zwanzig Jahre lang hatte ich Anstrengungen unternommen und nichts hatte geholfen. Nichts. Aber in einem Darshan nahm Amma alles weg. Zwanzig Jahre Scham und Schuld, zwanzig Jahre Geheimnisse und Lügen … alles verschwand in dieser einen Umarmung.

Ich bin gewiß nicht immer perfekt. Und gelegentlich zupfe ich mir auch noch das eine oder andere Haar aus. In seltenen Fällen kommt der Zwang zurück, und ich befinde mich wieder in meinem inneren Krieg. In diesen Momenten erheben die Dämonen der Depression und der Scham ihre hässlichen Köpfe, aber es ist nicht mehr so wie früher.

Vor diesem Darshan trug ich die Haare kurz, immer über meinem Kinn, normalerweise eng am Kopf geschnitten. Jahrelang bin ich ohne Augenbrauen und Wimpern durchs Leben gegangen. Ich kämpfte täglich mit dem intensiven, überwältigenden Wunsch, mir die eigenen Haare auszureißen. Manchmal blieb ich stundenlang wach, bis in die frühen Morgenstunden, und kämpfte mit meiner

Sucht. Ich habe immer verloren. Ich konnte nicht aufhören.

Dann gab es plötzlich keinen Kampf mehr. Es war vorbei, und zu Erde. Vorüber.

Einen Moment lang war ich Arjuna, und Krishna war mein Wagenlenker.

Wir siegten.

(Arjuna und Krishna sind die beiden Hauptfiguren der Bhagavad Gita, des wichtigsten Buches für Hindus. Anm. d. Übers.)

Amma will uns aus dem Gefängnis unseres Geistes befreien. Sie hat die Tür bereits aufgeschlossen, aber wir haben oft zu viel Angst, hinauszugehen. Anstatt ins Licht hinaus zu treten, dekorieren wir unsere einsamen Zelle immer wieder neu mit imaginärer Angst und Schmerz.

Ammas Liebe ist grenzenlos. Aber unsere selbst geschaffenen Mauern hindern uns daran, Liebe zu empfangen. Es ist schwer, sich aus den selbst geschaffenen Fesseln zu befreien. Amma sagte einmal, dass wir alle frei sein wollen, aber selbst nachdem sie uns einen Vorgeschmack auf die Freiheit gegeben hat, legen wir uns wieder die vertrauten Ketten an und bleiben gefangen.

Doch zum Glück gibt uns Amma nie auf.

Amma liebt jeden mit reiner, bedingungsloser Liebe, ganz offen. Sie akzeptiert jeden von uns mit all seiner Scham, seinem Stolz, seiner Wut, seiner Angst und anderen Schwächen. Mit der Zeit reinigt der Filter ihrer Liebe unsere Schwächen und verwandelt sie in Stärken.

Tief in unserem Inneren sehnen sich die meisten von uns das ganze Leben lang nach einer starken, langanhaltenden Liebe. Amma gibt uns die unerschütterliche mütterliche Liebe, nach der wir uns so sehnen. Sie ist die Mutter, von der die meisten sich insgeheim wünschen, dass ihre leibliche Mutter gewesen wäre. Sie ist unsere Mutter, unsere wirkliche Mutter, und sie hilft uns zu verstehen, dass die wahre Quelle des Lebens die Liebe ist.

Kapitel 10

Gewalt überwinden

*„Gestern war ich klug und wollte die
Welt ändern. Heute bin ich weise und
ändere mich selbst." — Rumi*

Meine Mutter war siebzehn, als sie schwanger
wurde. Kurz nach ihrem achtzehnten Geburtstag
kam ich auf die Welt. Niemand wusste, wer mein
Vater war, und das Geheimnis um meine Geburt
war etwas, wofür sich meine ganze Familie zutiefst
geschämt hat. Es hätte jeder sein können: der Post-
bote, der Polizist oder der Müllmann … sie hat es
nie jemandem erzählt. Ich wurde ohne einen Vater
geboren, was zu einer tiefen Identitätskrise in mir
führen würde.

Die ersten neun Jahre meines Lebens waren
einfach und schön. Meine Großmutter kümmerte
sich um mich, während meine Mutter zur Arbeit
ging. Ich verbrachte viele Stunden allein, kletterte

auf Bäume und versteckte mich an geheimen Orten rund um unseren Hof.

Dann verliebte sich meine Mutter in einen Soldaten. Wir zogen in die Stadt und alles änderte sich.

Meine Großmutter fiel in eine Depression, und ich auch. Meine neue Schule war voller Gewalt. Im Alter von neun Jahren lernte ich kämpfen. Meine einzigen Freunde waren zwei Zigeuner, die in der Nähe wohnten.

Ich erinnere mich, als ich ankam: Ein älterer Junge drängte mich gegen eine Wand und wollte mich ins Gesicht schlagen. Irgendwie gelang es mir, seine Hand zu packen. Meine Finger waren klein, aber ich hielt einen seiner dicken Finger fest und drückte ihn zurück…. und zurück… und noch weiter zurück… bis es knackste.

Er hat mich nie wieder behelligt.

Die Raufbolde pflegten an meiner Schule ein besonders brutales Ritual: Wann immer ein neuer Junge in die Klasse kam, drehten die Kinder seine Arme und Beine hinter seinen Rücken und schlugen seinen Körper gegen einen Betonpfeiler. Wenn er dann schrie, lachten sie.

Ich konnte nie einfach nur daneben stehen und nichts tun, wenn jemand gemobbt wurde, also bin ich immer hir., um zu helfen. Das hatte natürlich viel Prügel im Gegenzug zur Folge. Die anderen Kinder steckten Würmer in meine Kleidung und setzten meine Haare in Brand. Ich wurde an den falschen Stellen angefasst. Ich wurde geohrfeigt, ich wurde geschlagen und mir wurde ein Messer unter das Kinn gehalten. Meine Brille wurde kaputt gemacht. Mir wurde die Nase blutig geschlagen.

Ich hatte keinen Gott. Meine Großmutter nahm mich manchmal mit in die Kirche, aber der Priester schlug meinen Cousin und wenn er liebevolle Güte predigte, glaubte ich ihm nie. Ich habe immer in den Staub geschrieben: „Niemand liebt mich." Der Liebe meiner Mutter traute ich nicht, weil sie sich immer noch weigerte, mir zu sagen, wer mein Vater war. Mein Herz litt ständig; ich war die ganze Zeit wütend. Die unnötige Gewalt, das Leiden, es war alles zu viel.

Ich tat das einzige, was Sinn ergab: Ich rannte weg.

Als ich noch ein Teenager war, lebte und arbeitete ich in den Häusern sehr reicher Leute. Einige meiner Arbeitgeber waren berühmt, reich und schön. Sie hatten tolle Kinder, fuhren immer schick in die Ferien und hatten alles, was sie wollten, aber trotzdem waren sie genauso unglücklich wie der Rest von uns. Wozu dann also? Das Leben verlor seinen Sinn für mich.

Je älter ich wurde, desto geschmackloser und farbloser schien das Leben zu werden. Ich war wütend auf die Welt wegen all der Gewalt: wegen des unnötigen Leids, das wir uns gegenseitig zufügen. Nichts war schön. Niemand war inspirierend. Alles war nur vorgetäuscht.

Ich glaubte nicht an Liebe.

Ich war überzeugt, dass die Menschen nur so tun, als ob sie sich lieben, um etwas zu bekommen. Ich habe versucht, meine Lebensspanne auf natürliche Weise zu verkürzen: Ich trank zwei Liter Kaffee und rauchte zwei Schachteln Zigaretten am Tag. Ich war elend.

Eines Tages veränderte sich etwas. Ich begann zu verstehen, dass das Problem in mir selbst lag. Wie könnte ich von jemandem erwarten, dass er etwas ist, was ich selbst nicht sein kann? Anstatt mich auf die Fehler der anderen zu konzentrieren, beschloss ich, zu versuchen, mich selbst zu ändern.

Ich begann eine Therapie. Auf Anregung meines Therapeuten meldete ich mich für einen „Heilungsworkshop" an. Es ging darum, das innere Kind zu wecken und die „Vatergeschichte" zu heilen. Genau das, was ich suchte.

Der Leiter des Workshops schenkte mir viel Aufmerksamkeit. Er lud mich ein, (kostenlos!) zu seinem nächsten Workshop über Spiritualität zu kommen. Ich begann, mit ihm herumzureisen und ihm bei seiner Arbeit zu helfen. Unsere Freundschaft wurde sehr eng und er wurde wie ein Vater für mich.

Etwa ein Jahr, nachdem ich mit dieser Arbeit begonnen hatte, war ich eines Tages mit einer Freundin zusammen und fragte sie beiläufig: „Was machst du dieses Wochenende?"

„Ich gehe zu Amma", antwortete sie.

Ich fühlte etwas, was ich noch nie zuvor gefühlt hatte. Eine Regung, tief in meinem Herzen.

„Ich auch", entgegenete ich ganz sachlich. Ich habe nicht einmal gefragt, wer Amma ist oder was sie tut. Etwas in mir wusste einfach, dass ich sie sehen musste.

Als ich meinem Lehrer sagte, wohin ich gehen würde, versuchte er, mich davon abzubringen. Er beschwerte sich: „Ich bin auch ein erleuchteter Meister!"

Ich sagte nichts. Ich liebte ihn sehr, aber ich wusste, ich musste gehen.

Ich kam am nächsten Tag früh zum Programm und war unter den ersten in der Reihe. Die Energie in der Darshan-Halle war erhebend und die Luft so rein. Als ich zu Amma hinauf ging, schaute sie mich an und lachte und lachte. Ich starrte sie an und war völlig fassungslos. Auf einmal fand ich die ganze Sache auch sehr lustig und stimmte in ihr Lachen ein.

Ich blieb die ganzen drei Tage am Programm. Ich weinte die ganze Zeit. Ich war nicht traurig, das war es nicht. Ich weinte nur einfach pausenlos. Ich kann es nicht wirklich erklären. Als diese drei Tage vorbei waren, fühlte ich mich völlig erneuert, anders auf jeder Ebene: körperlich, emotional und spirituell.

Die auffälligste Veränderung war, dass meine Wut und mein Schmerz darüber, dass ich meinen Vater nicht kannte, völlig verschwanden. Dieser schreckliche, furchtbare Schmerz, der mir täglich das Herz zerrissen hatte, war weg. Ich hatte alles versucht, um diese Wunde zu heilen, und nichts funktionierte, bis ich Amma begegnete. In diesen drei Tagen verflüchtigte sich diese jahrelange Krise einfach.

Ich habe immer noch meine Unsicherheiten, meine Angst vor Ablehnung und solche Dinge. Aber ich hatte nie wieder diese quälende Sehnsucht, seinen Namen zu kennen, sein Gesicht zu sehen oder ihn zu treffen. Ich fühlte mich nicht mehr im Stich gelassen, und ich war nicht mehr wütend auf meine Mutter, die mir die Wahrheit vorenthalten hatte. Meine Beziehung zu ihr begann zu heilen.

Als ich Amma traf wusste ich, dass die Liebe, von der ich träumte, tatsächlich existierte. Mein ganzes Leben hat an diesem Tag an Bedeutung gewonnen. Mir wurde klar, dass sie das ist, was ich die ganze Zeit gesucht hatte.

Amma sagt oft, dass wir lieben und dienen sollen, wie auch immer wir können. Ich tue mein Bestes, ihren Lehren zu folgen. Sie hat mich zu einem radikalen Perspektivenwechsel inspiriert und mir einen Sinn gegeben. Sie hilft mir, Gelegenheiten zum Geben zu finden und vertreibt damit die Dunkelheit aus meinem Leben (und hoffentlich auch aus dem Leben der Menschen um mich herum). Es scheint zu funktionieren, denn dieser Tage sagt meine Chefin oft, dass ich zu viel Mitgefühl für unsere Kunden habe!

Die Menschen sind keine bedrohlichen Feinde mehr. Amma hat die Schwierigkeiten in meinem Leben transformiert. Sie sind jetzt keine Belastungen mehr, sondern Werkzeuge, die ich für meine spirituelle Entwicklung nutzen kann. Ich kann jetzt Herausforderungen eher als Chancen sehen, und nicht mehr als überwältigende Hindernisse. Als Amma diese eine kleine Kerze in meinem Herzen entzündete, schien die Dunkelheit in der Welt so viel weniger beängstigend zu sein.

Heute ist meine leibliche Mutter eine gute Freundin, nur wegen Ammas Gnade. Sobald ich meinen Zorn überwunden hatte, wandelte sich unsere Beziehung. Vor kurzem habe ich ihr einen Dankesbrief geschrieben: „Danke. Danke, dass du mich in diese Welt gebracht hast. Danke, dass du mich behalten hast, obwohl du so jung warst und die Zeiten so hart. Ich liebe es, dass ich jeden Tag Gelegenheiten finden kann, zu wachsen, zu lernen und vor allem zu dienen. Danke! Denn ich liebe diese Welt, und ich liebe mein Leben!"

⚜ ⚜ ⚜

Amma ist in einem ununterbrochenen Zustand selbstloser Liebe. Und sie lädt uns alle ein, auch an diesen Ort zu ihr zu kommen. Durch den Dienst am

*Nächsten wird ein wenig von Ammas Energie und
Gnade auf uns übertragen.*

*Amma ist das perfekte Beispiel. Sie zeigt uns, dass
wir tiefe Freude erfahren können, wenn wir uns bemühen, ein Leben zu führen, das dem selbstlosen Geben
und Dienen gewidmet ist, egal wie dunkel die Welt
um uns herum scheinen mag.*

*Es ist nicht so, dass wir große, wichtige Dinge tun
müssen. Es gibt immer jemanden, der bereit ist, ein
Problem anzugehen, wenn es als „wichtig" angesehen
wird. Vielmehr sind es die kleinen Dinge, die wir tun
(etwa Müll aufsammeln oder das Geschirr von jemandem aufräumen), die Zufriedenheit und Freude in
unser Leben bringen. Wenn wir durch kleine Dienste
wie diese glücklich sein können, werden wir ein tiefes
Gefühl der Zufriedenheit finden (und es wird alles
auch schön aufgeräumt).*

*So erstaunlich es scheinen mag, wenn wir etwas
mit der Entschlossenheit reiner Liebe verschenken, gibt
es keine Aufopferung. Tatsächlich können harte Arbeit
und Opfer für spirituell Suchende tatsächlich zu einer
enormen Quelle der Freude werden (trotz einiger Blasen und schmerzender Muskeln auf dem Weg dorthin).*

In meinem Leben ergossen sich die wunderbarsten Segnungen von Amma über mich, die mir die

Möglichkeit gegeben hat, ihren Wohltätigkeitsorganisationen zu dienen. Nicht jeder kann nach Indien kommen, um dort Dienst am Nächsten zu leisten, aber egal, wo in der Welt wir sind, das Leben bietet uns so viele Möglichkeiten dazu. Wenn wir das tun, öffnen sich die Schleusen der Gnade und das Leben wird zu einem atemberaubenden Erlebnis.

Kapitel 11

Die Verzweiflung eines gebrochenen Herzens

Unser größter Ruhm besteht nicht darin,
dass wir nie fallen, sondern darin, dass wir
jedes Mal wieder aufstehen. – Konfuzius

Ich wurde in einem Ashram geboren und lebte ein spirituelles Leben, bis ich sechzehn Jahre alt war. Als Kind fühlte ich mich immer glücklich und ganz. Unser Ashram war ein ruhiger Ort. Wir hatten sehr wenig, aber wir waren zufrieden.

Die Gemeinschaft nebenan von unserem Ashram war wie eine andere Welt. Viele wohlhabende Menschen bewegten sich in den Straßen. Unser Nachbar gleich nebenan war der Sohn von Ringo Starr. Ich bin inmitten vieler reicher und berühmter Menschen aufgewachsen, habe mich aber nie als Teil ihrer Welt gefühlt.

Einige meiner Freunde fühlten sich so sehr von der materiellen Welt angezogen, dass sie jeden Monat ein neues „Spielzeug" kauften: ein neues Auto, ein neues Boot, eine neue Droge …

Die meisten meiner Altersgenossen in der Schule begannen mit zwölf Jahren, auf Partys zu gehen, sich promiskuitiv zu verhalten und sich mit Drogen einzulassen, aber ich schaffte es immer, mich von all dem fernzuhalten. Ich wusste um die wahre Natur des Lebens. Ich brauchte diese Dinge nicht; mein Herz war voll.

Dann, über Nacht, änderte sich alles. Als ich sechzehn Jahre alt war, starb mein Guru und mein ganzes Leben brach zusammen. Ich erinnere mich sehr deutlich an den Tag, als er starb. Ich war untröstlich und konnte nicht aufhören zu weinen. Meiner Mutter und meinen Brüdern ging es wie mir, so dass wir nicht in der Lage waren, uns gegenseitig zu trösten. Wir waren alle verloren. In einem einzigen Moment verschwand alles, was wir hatten, alles, worauf wir vertrauten und woran wir glaubten, aus unserem Leben.

Ich verstehe jetzt diesen Schmerz als Bindung an eine Form, aber noch nie zuvor hatte ich eine so perfekte Form gekannt wie die meines Guru. Jedes

Wort, jeder Atemzug und jede Handlung von ihm war in perfekter Harmonie mit der Schöpfung. Er war mein liebster Freund, mein Vater und mein Meister, immer da, mich zu führen, mir den Weg zu meiner eigenen Rettung zu zeigen. Ich konnte mir nicht vorstellen, dass irgendjemand auf der Welt ihn je ersetzen könnte. Ich habe ihn in höchster Achtung, Liebe und Vertrauen gehalten.

Der Verlust schickte mich in eine Abwärtsspirale. Ich wurde verrückt.

Ich war verzweifelt bemüht, den Schmerz zu betäuben, das klaffende Loch in meinem Herzen zu füllen. Sein Tod hatte mich innerlich ganz leer gemacht. Ich wollte nicht mehr leben. Wenn die ganze Welt nur illusorische materielle Bestrebungen und leere fruchtlose Ziele hatte, dann sah ich keinen Grund, weiterzumachen.

Ich fing an, Rauschmittel zu nehmen und sehr exzessiv zu leben, nur um so etwas ähnliches wie einen Sinn zu spüren. Ich sagte „Ja" zu allem, was kam, egal wie finster oder gefährlich es war. Ich habe mich der Welt meiner Altersgenossen angeschlossen. In ihrer Realität existierte Gott nicht: Wir waren die Götter. Meine Freunde und ich dachten, wir stünden über allem, auch über dem Gesetz. Wir lebten gefährlich und taten, was wir wollten.

Wir waren die schlimmsten Teenager, die man sich vorstellen kann.

Meine Mutter hat sich große Sorgen um mich gemacht und begann, einen neuen Meister zu suchen, jemanden im Körper. Sie meinte, es sei sehr wichtig, jemanden zu finden, der uns lehren und leiten könne.

2001 wurden ihre Gebete erhört, als sie auf ein Poster von Amma stieß. Sie ging zum Programm und kehrte ganz begeistert zurück. „Amma ist wie er!" sagte sie uns. „Sie hat die gleichen Lehren und die gleiche Energie. Ihr müsst mit zu ihr kommen!"

Aber mein Herz war verschlossen. Ich wollte mich nicht für einen neuen Guru öffnen; es war zu schmerzhaft. Ich habe mich geweigert, zum Programm zu gehen. Im folgenden Jahr kam Amma wieder. Irgendwie schaffte meine Mutter es, mich mitzuschleifen. Ich wollte keinen Darshan, aber ich saß da und beobachtete Amma stundenlang.

Ich fühlte mich schmutzig, als ich sie ansah und mich an all die Dinge erinnerte, die ich mir selbst angetan hatte. Ich konnte ihre spirituelle Größe spüren und wusste, dass ich nicht würdig war, ihren Darshan zu empfangen.

Immer wieder kamen weiß gekleidete Menschen auf mich zu und stellten mir die gleiche nervige Frage: „Warst du beim Darshan?" Sie drängten und drängten, aber ich wollte wirklich nicht gehen. Ich wollte nicht von einer indischen Frau, die ich nicht kannte, umarmt werden. Aber nach etwa drei Stunden wurde mir klar, dass diese Leute nur dann aufhören würden, mich zu nerven, wenn ich mich für einen Darshan entscheiden würde.

Als Amma mich in ihre Arme nahm, erlebte ich einen riesigen, leeren, endlosen tiefschwarzen Raum. Es ergab keinen Sinn, aber es löste eine Erinnerung in mir aus. Wenn ich früher mit meinem alten Guru meditiert hatte, hatte ich oft glückselige Meditationen von tiefer, großer Leere.

Ammas Darshan war die Brücke, die mich mit dem verband, wie ich mich in seiner Gegenwart gefühlt habe: voller unbefleckter Reinheit und Unschuld. In einem Augenblick kamen diese vertrauten Erinnerungen zurück.

Es war, als hätte Amma meine karmische Last beseitigt. Sie hat mich gereinigt. Ich verstand nicht, wer Amma war, aber ich begann, mich an meine eigene Ganzheit zu erinnern.

Dieser erste Darshan war zwar schön, aber er reichte nicht aus, um mein Leben zu verändern. Die Dinge wurden noch schwieriger, als ich immer tiefer in schlechte Gesellschaft geriet. Ich umgab mich mit Menschen, deren einziges Interesse die Suche nach Vergnügen war. Diese Leute waren von sehr finsterer Natur und wir begannen mit kriminellen Aktivitäten.

Ich begann darüber nachzudenken, wohin sich mein Leben entwickeln würde: Ich war dabei, in Finsternis zu versinken.

Eines Abends veranstalteten meine Freunde eine große Party auf einer Yacht. Sie hatten sich an jemandem übel gerächt und beschlossen, mit einem Haufen Drogen zu feiern.

Und ich beschloss, diesen Planeten zu verlassen. Ich hatte genug vom Leben.

Ich wollte nicht mehr mit diesen Leuten zusammen sein oder ein leeres, sinnloses Leben leben. Ich wollte es alles beenden. Ich sah keinen anderen Ausweg, also beschloss ich, eine Überdosis zu nehmen.

Ich ging auf den Boden des Bootes. Es war mitten im Winter.

Ich legte mich auf dem eiskalten Metall nieder und ließ die Kälte in meinen Körper eindringen. Zuerst wurden meine Zehen taub, dann meine Waden. Langsam kroch die Kälte nach oben. Ich verlor das Gefühl in meinen Händen und schließlich fühlte ich, wie mein Herz still wurde. Ich konnte nur noch ein winziges Stückchen Bewusstsein spüren, einen kleinen warmen Raum in meinem Kopf. Dann verschwand auch das, und ich war weg.

Augenblicklich umgab mich ein unerklärlich helles Licht. Es war unbeschreiblich und füllte alle Dimensionen aus. Ich empfand eine immense Freude und Erleichterung. Ich wollte nur noch alles hinter mir lassen und mit dem universellen Bewusstsein, diesem brillanten Licht der Lichter verschmelzen.

Als ich immer weiter ins Licht ging, erschien eine Gestalt, zunächst sehr klein, aber sie wurde immer größer, bis sie menschliche Größe hatte. Es war mein alter Guru. Am Rande des Todes war er gekommen, um mich zu begrüßen.

Als ich ein Kind in seinem Ashram war, weckte er uns immer auf, indem er jeden Morgen eine kleine Glocke läutete und sagte: „Wacht auf! Wacht auf! Zeit, aufzuwachen!" Dieses Mal läutete er die

Glocke und sagte: „Jetzt ist *nicht* die Zeit! Wach auf! Wach auf!"

Alles Licht wurde in meinen Körper zurück gedrängt. Ich sprang auf und stolperte vom Boot. Ich konnte nur noch denken: „Ich muss nach Hause. Ich muss nach Hause!"

Ich rief meine Mutter an und flehte sie an: „Bitte, bitte hol mich!" Es war drei Uhr morgens, aber meine Mutter stieg ins Auto und fuhr zwei Stunden, um mich abzuholen.

Da wusste ich, dass ich mein Leben grundlegend verändern musste.

Amma kam zwei Wochen später in meine Stadt.

Ich wollte fragen, ob ich etwas tun könnte, um Ammas Organisation oder ihren Wohltätigkeitsorganisationen zu helfen, aber ich war zu schüchtern, um jemanden mit meiner dummen Frage zu belästigen. Innerhalb von zwei Minuten traf ich jemanden, der mich (trotz meiner Einwände) zu Amma zerrte und ihr sagte: „Amma, dieser Junge will helfen."

Amma warf mir einen sehr liebevollen Blick zu; ihre Augen leuchteten. Sie fragte: „Kannst du nach Indien kommen?"

Darüber hatte ich noch nie nachgedacht, aber mir war klar, dass dies meine Chance war.

Das war vor elf Jahren.

Ich weiß nicht, wieviel spirituellen Fortschritt ich im Laufe der Jahre gemacht habe, aber eines kann ich sagen: Vor kurzem traf ich mich mit einem meiner sehr engen Freunde von früher. In all den Jahren, in denen ich in Indien war, war er süchtig. Er hat dieselben Freunde und sein Leben ist im Grunde dasselbe wie vor elf Jahren. Seine Zustand war erschütternd: Er konnte nicht normal sprechen, seine Rede war undeutlich, er konnte nicht aufhören zu zappeln, zu jucken oder sich zu kratzen, und war ganz klar sehr angespannt. Er konnte kaum funktionieren.

Da wurde mir klar… das wäre ich gewesen (wenn ich überhaupt so lange überlebt hätte).

Ich sehe jetzt, dass ein Leben in der Gegenwart des Gurus das ganze Schicksal verändern kann. Das ist die Kraft einer voll verwirklichten Seele. Amma hält mich so beschäftigt und ich konzentriere mich so auf Seva, dass ich keine Zeit habe, mich abzulenken oder anderen weniger fruchtbaren Wegen nachzugehen.

Endlich fühle ich mich wieder friedvoll und der Wunsch nach Rauschmitteln fehlt völlig.

Amma ist der größte Segen in meinem Leben. Wäre es jemand anderes gewesen oder etwas anderes, ich wäre zweifelsohne wieder zu meinen alten Gewohnheiten zurückgekehrt.

Ammas Liebe und Führung halten mich und haben mich verwandelt. Sie schafft eine Atmosphäre und ein allumfassendes, erfüllendes und umfangendes Umfeld, sodass man nichts anderes mehr braucht. Ich danke Amma jeden einzelnen Tag dafür, wer sie ist und was sie tut. Alle anderen Errungenschaften der Welt verblassen im Vergleich zu einem Leben im Dienste eines solchen Wesens.

⚜ ⚜ ⚜

Amma hat einmal gesagt, dass allein die Schwingungen einer weltlichen Umgebung ausreichen, um uns herunterzuziehen, weshalb wir wirklich an einer spirituellen Routine festhalten müssen. Wellen von Gedanken und Emotionen werden immer gegen das Ufer unseres Geistes schlagen. Aber wir sollten uns nicht mit hinunterziehen lassen.

Wenn wir uns durch positive Gedanken, liebevolles Handeln und Gebet mit Amma in Einklang bringen wollen, ebnen wir uns den Weg zu wahrer Zufriedenheit. Wir sind immer nur einen Gedanken von ihr entfernt. Aber wir müssen unseren Geist immer wieder vom Abdriften in die Negativität zurückbringen, damit sie uns von innen heraus auffüllen kann.

Wir werden nur dann wahren Seelenfrieden erhalten, wenn wir nach innen schauen und ein gutes Leben führen, um anderen zu helfen. Wenn wir unser Leben dem Dienst am Nächsten widmen, heilen wir nicht nur die Welt um uns herum, sondern auch uns selbst.

Kapitel 12

Trauma heilen

Je tiefer der Schmerz in dein Wesen dringt, desto mehr Freude wirst du aushalten können. – Khalil Gibran

Meine Tochter ist keine Verehrerin. Tatsächlich mag sie Amma nicht einmal, aber das ändert nichts an der Tatsache, dass Amma ihr das Leben gerettet hat.

Als meine Tochter sechzehn Jahre alt war, kam eines Nachmittags, als sie von der Schule nach Hause lief, ein Auto die Straße entlang gerast und hat sie angefahren. Sie wurde in die Luft geschleudert und landete hart auf dem Bürgersteig. Sie brach sich den Oberschenkelknochen und erlitt eine Reihe weiterer Verletzungen, aber sie überlebte.

Wie viele Menschen, die lebensbedrohliche Traumata überleben, entwickelte sie einen akuten Fall von posttraumatischer Belastungsstörung. Sie bekam Panikattacken, wenn sie die Straße überquerte, wurde sehr wütend und aggressiv und war, wie viele PTSD-Kranke, davon überzeugt, dass sie jung sterben würde.

Nach dem College ging sie zur Schule, um Fotojournalismus zu studieren. Ihr Plan war es, in ein Land mit einem aktiven Konflikt zu ziehen und Fotos vom „Friedensprozess" zu machen. Das Problem bei Friedensprozessen ist jedoch, dass man erst einen Krieg finden muss.

Sie sagte oft Sachen wie: „Wusstest du, dass Fotojournalisten die höchste Entführungs- und Ermordungsrate aller Berufe haben?" Ich glaube, sie wollte einfach meine Reaktion austesten.

In gewissen Momenten gab sie zu, dass sie nicht die Absicht hatte, wirklich alt zu werden, und ich glaube nicht, dass sie sich nach einem Familienleben sehnte. Ihr Plan war es, zu reisen und Fotos zu machen, bis sie entführt und getötet würde. Kein toller Plan, aber ich glaube, sie fand es irgendwie romantisch. Ich natürlich nicht.

Nach ihrem Abschluss war ihre erste Station Indien. Sie besuchte mich in Amritapuri und machte auch Fotos von einem Festival in Varanasi. Von dort aus plante sie, einen Krieg zum Fotografieren zu finden.

Ich gebe zu, dass ich nicht sehr nett war. Ich machte mir Sorgen wegen ihrer Pläne und nervte sie die ganze Zeit. „Babys sind so niedlich!" habe ich immer gesagt. „Meinst du nicht, dass Porträts besser wären?"

Sie wollte eine einfache, angenehme Zeit als Mutter und Tochter, aber wann immer wir Zeit miteinander verbrachten, wurde ich durch ihre schlechten Ideen so aufgewühlt, dass wir in einen Streit gerieten.

Das einzig Gute, das ich getan habe, war, dass ich ununterbrochen für sie gebetet habe. Mein Mantra war: „Bitte, Amma, nimm das Herz meiner Tochter. Bitte, nimm ihr Herz." Dieses Gebet erfüllte mich. Meine Tochter war nie eine Verehrerin gewesen, aber in meinem Herzen wünschte ich mir verzweifelt, dass Amma mein kleines Mädchen für sich beansprucht.

Dann ging Amma auf Südindien-Tour. Ich ging zurück in die Staaten und meine Tochter blieb allein im Ashram. Natürlich ist niemand im Ashram jemals wirklich allein. Amma hat einmal ganz klar gemacht, dass der Ashram selbst ihr Körper ist.

Einige Tage später geschah etwas Unerkliches: Als meine Tochter eines Nachmittags nach der Meditation auf ihrem Bett lag, spürte sie, wie eine tiefschwarze, dichte Energie aus ihrem Herzen aufstieg und sie verließ. Es war, als ob Jahre des Traumas einfach weggenommen wurden. Ich kenne nicht alle Einzelheiten dieser Erfahrung, aber ich weiß, dass sie danach nie mehr dieselbe war.

Als sie zwei Wochen später nach Hause kam, war ihr Gesicht hell und klar, wie früher, als sie noch ein Kind war. Nicht nur ihre Akne war verschwunden, sondern ihr Gesicht war auch völlig entspannt, als ob sich ihr Schmerz verflüchtigt hätte. Die Leute sagten: „Du siehst aus, als hättest du fünf Kilo abgenommen!" Aber es war nicht das physische Gewicht, das sie verloren hatte, es war emotional und spirituell.

Plötzlich konnten wir auf eine ganz neue Art und Weise miteinander in Beziehung treten. Wir stritten nicht mehr und es war, als ob wir zum ersten Mal seit Jahren wieder die gleiche Sprache sprachen.

Bald darauf fand sie ein Praktikum als Journalistin in einem Kriegsgebiet auf der ganzen Welt und bestieg ein Flugzeug. Jedes Mal, wenn eine Bombe fiel, fragte sie, ob sie gehen und über die Zerstörung berichten könne. Sie rief mich an, um Enttäuschung vorzutäuschen, denn ihr Vorgesetzter lehnte ihre Bitten immer wieder ab (er war nicht der Meinung, dass eine junge Frau und das unerfahrenste Mitglied des Teams die gefährlichsten Aufträge erhalten sollte!).

Nach nur sechs Monaten in ihrem Traumpraktikum beschloss sie, auszusteigen und etwas anderes zu machen. Damals wurde mir klar, dass sich etwas grundlegend geändert hatte. Ihr Herz war nicht mehr bei der Sache. Sie war durch ihre neu gewonnene Liebe zu Gott auf andere Ideen gekommen.

Sie kam nach Hause und begann, viel Zeit mit der Jugendgruppe einer örtlichen evangelikalen Kirche zu verbringen. Wenn sie nicht gerade ehrenamtlich in der Kirche tätig war, las sie die Bibel oder Bücher über Jesus. Sie war entschlossen, so viel wie möglich über Spiritualität und Religion zu lernen. Es war eine völlige Kehrtwendung. Sie hatte früher nie auch nur das geringste Interesse an Gott gezeigt. Sie war immer eine Künstlerin, Atheistin und wütend gewesen. Aber jetzt war sie anders.

Einige Monate, vielleicht ein Jahr lang, machte meine Tochter auf dem Dach ihrer Kirche die IAM-Meditation. Sie trug immer die Mala, die sie in Amritapuri gekauft hatte. Sie sagte mir, sie wolle sich an ihr Wunder erinnern. Doch mit der Zeit vergaß sie langsam Amma und die Mala wurde verworfen.

Plötzlich war es „Gott", der sie geheilt hatte. In ihrer Vorstellung hatte ihre Transformation nichts mehr mit „dieser Inderin" zu tun. Je tiefer sie sich in die christliche Tradition vertiefte, desto weniger wollte sie etwas mit Amma zu tun haben. Sie hörte auf, an Gurus zu glauben.

Heute könnte ich sie nicht dazu bringen, Amma oder einen Ashram zu besuchen, selbst wenn ich sie noch so bitten würde. Ich versuche, ihr zu sagen, dass Amma und Jesus dieselben sind, aber sie ist immer noch so stur wie eh und je und will es nicht hören.

Dank Amma ist meine Tochter jetzt sehr religiös. Sie ist verheiratet und lebt mit ihrem Mann in einer sicheren Vorstadt. Sie rechnet nicht mehr damit, entführt und getötet zu werden, und sie hat keine Pläne, in Kriegsgebieten zu fotografieren. Ihre Kamera hat anderes zu tun: Sie fotografiert dauernd ihre drei entzückenden Kinder.

Als Amma das Herz meiner Tochter heilte, wusste sie, dass sie niemals Hindu werden würde oder eine Amma-Verehrerin. Darum ging es nicht. Sie ist eine Christusanhängerin, und das ist mehr als genug.

Amma hat getan, was ich nie tun konnte: Sie hat mein Kind von innen heraus geheilt. Ob Amma jemals anerkannt, gedankt oder gelobt wird oder nicht, ich bin absolut sicher, dass sie uns bedingungslos liebt. Wahre Mutterliebe will nichts als die Gesundheit und das Glück aller Kinder.

Dank Amma ist meine Tochter wirklich „wiedergeboren" worden.

✤ ✤ ✤

Amma sieht die ganze Welt als eine Familie und sieht uns alle als Kinder Gottes. Für sie gibt es keinen Unterschied zwischen denen, die ihre Form verehren, und denen, die es nicht tun. Sie stellt keine Urteile an, die in ihrem Geist Trennung schaffen würden. Während wir unsere Differenzen gegeneinander stellen und deswegen Konflikte und Kriege verursachen, vereint Amma alle diese nicht greifbaren Unterschiede in einem vereinten Strom der Liebe.

Manchmal habe ich das Gefühl, Amma ist wie ein mächtiges MRT-Gerät (Magnetresonanztomographie). Sie sieht durch uns hindurch, vorbei an all unseren menschlichen Schwächen, Bindungen und Negativitäten, direkt in das Gute, das in jedem unserer Herzen liegt. Sie weiß genau, was wir brauchen, und wenn wir in ihre Umarmung kommen, erfüllt sie uns und macht uns wieder ganz. Sie nimmt uns stillschweigend die schweren Lasten ab, die wir über Jahre (oder sogar Leben) hinweg schleppen.

115

Amma urteilt nie über unsere Überzeugungen, ob wir religiös, spirituell oder weltlich sind. Ihr einziger Wunsch ist unsere vollständige Heilung: uns glücklich zu machen, wenn wir traurig sind, mit uns fröhlich zu lachen und unsere kummervollen Tränen zu trocknen.

Kapitel 13

Đurga in sich selbst finden

*Leid hat die stärksten Herzen geschaffen;
die beeindruckendsten Charaktere sind
mit Narben übersät. – Khalil Gibran*

Ich wurde in Amerika als Kind sehr liebevoller und spiritueller Eltern geboren. Mein Vater hatte sieben Jahre lang als Mönch gelebt, und meine Mutter war Meditationslehrerin. Sie waren beide sehr gottergeben und haben mich mit viel Liebe aufgezogen.

Ich hatte eine reine Kindheit voller Glück und Unterstützung, aber als ich achtzehn Jahre alt wurde, änderte sich all das. Ich habe mich in einen zwanzig Jahre älteren Mann verliebt. Er war magnetisch und charismatisch und ich fand ihn sehr spirituell. Er hat auf jeden Fall viel über Spiritualität gesprochen. Drei Wochen nachdem wir uns kennen gelernt hatten, heirateten wir.

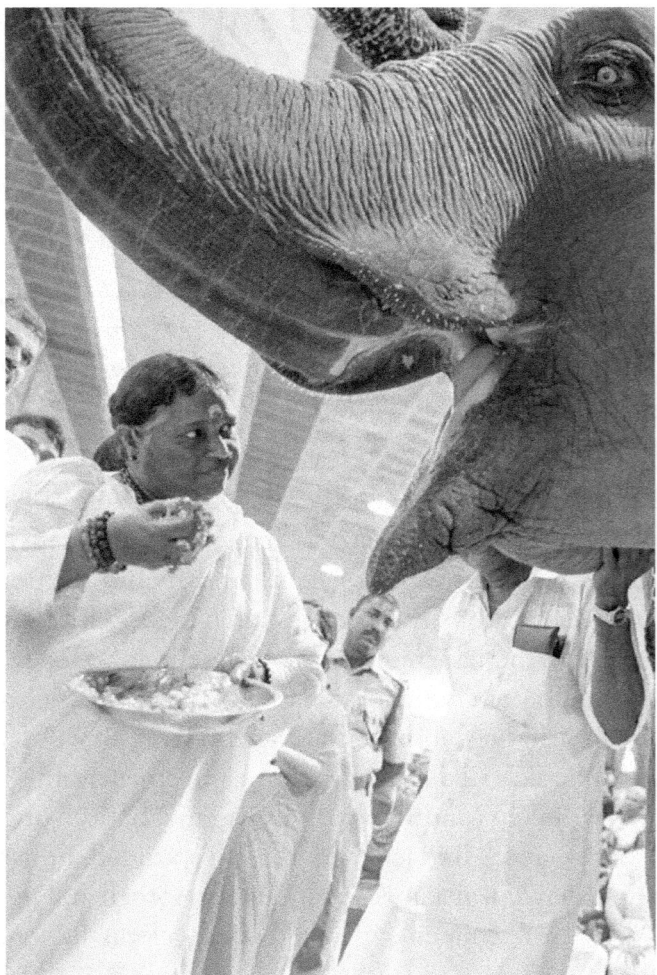

Meine Eltern waren gegen die Heirat und wollten ihren Segen nicht geben. Es war das erste Mal in meinem Leben, dass ich etwas gegen ihren Wunsch getan habe, und es war der größte Fehler meines Lebens.

Mein Mann war unfassbar gewalttätig. Er zwang mich, den Kontakt zu meinen Freunden und Verwandten abzubrechen. Er hat mir regelmäßig gedroht, mich ins Gefängnis zu bringen. Manchmal drohte er damit, mich zu töten. Seine Gehirnwäsche brachte mich zu der Überzeugung, dass alle unsere Probleme meine Schuld waren und er hat dauernd gesagt, dass ich ein schrecklicher Mensch sei. Ich glaubte ihm.

Ohne seine Erlaubnis durfte ich keinen Spaziergang machen. Wenn er herausfand, dass ich ohne seine ausdrückliche Erlaubnis mit jemandem gesprochen hatte, ob am Telefon oder persönlich, gab es am Abend furchtbare Prügel. Ich lebte in ständiger Angst.

Nach drei Monaten Ehe beschloß ich, ihn zu verlassen. Aber ich stellte fest, dass ich schwanger war. Es war der dunkelste Tag meines Lebens. Meine Kindheit war so schön gewesen, aber ich wusste, dass ich dieses Geschenk niemals an mein Kind weitergeben konnte. Ich habe hin und her überlegt, aber am Ende habe ich mich entschieden, bei ihm zu bleiben.

Ich fing an, einige kleine spirituelle Übungen zu machen, damit es mir besser ging, aber es war sehr schwer. Jedes Mal, wenn ich mich hochgezogen habe, stieß er mich wieder nach unten. Kurz nach der Geburt meiner Tochter brachte uns mein Mann nach Oklahoma, weit weg von daheim und allen Menschen, die ich kannte. Jedes Mal, wenn ich etwas tat, was ihm missfiel, drohte er damit, die Polizei zu rufen und meine Tochter wegbringen zu lassen.

Ich nahm meinen Mut zusammen und schickte meiner Mutter heimlich eine E-Mail. Sie erzählte mir, sie habe Amma getroffen und sagte, sie werde ein Schwarz-Weiß-Bild mit der Post schicken.

Das kleine Stück Papier, das ankam, war eine Fotokopie von Amma; ich habe es an meine Wand geklebt. Jeden Tag sah ich sie an und weinte. Unter das Foto war ein kleines Mantra geschrieben, und das wurde zu meinem Mantra. Ich sang es tagaus und tagein und schüttete dem kleinen Foto mein Herz aus.

Als ich anfing, zu Amma zu beten, spürte ich, wie ich immer stärker wurde. Und eines Tages (ich weiß nicht, was über mich kam), verlangte ich von meinem Mann, dass wir wieder nach Hause gehen. Ich sagte ihm, dass ich Oklahoma verlassen und unsere Tochter mitnehmen würde. Er konnte sich entscheiden, ob er mit uns kommen wollte oder nicht, aber wir würden gehen.

Die Stärke, die ich in diesem Moment hatte, schockierte ihn. Er gab nach und wir zogen wieder nach Hause. Dennoch habe ich immer noch all die schrecklichen Dinge geglaubt, die er sagte: Ich war überzeugt, dass ich schuld war.

Wieder zuhause, kannte ich mich aus. Ich hatte Freunde und Familie, und ich habe heimlich einen Job angefangen. Dennoch klammerte ich mich fest an dieses kleine Schwarz-Weiß-Foto; es war mein Rettungsanker.

Als ich erfuhr, dass Amma nach Amerika kommen würde, wusste ich, dass ich sie treffen musste. Überraschende Kraft strömte wieder aus mir heraus und ich bestand darauf, dass wir zu ihr gehen.

Als wir den Programmsaal betraten, hatte ich das Gefühl, den ganzen Sinn meines Lebens gefunden zu haben. Von diesem Moment an war alles, was ich wollte, mein Leben im Dienst zu geben.

Ich hatte durch ihr Foto bereits eine so innige Beziehung zu Amma entwickelt, dass die Begegnung mit ihr von Angesicht zu Angesicht außergewöhnlich stark war.

Mein Mann und ich versuchten, als Familie zum Darshan zu gehen, aber die Leute um Amma ließen uns nicht. Sie trennten uns jedesmal. Als ich schließlich zu meinem Darshan ging, war ich allein. Es war sehr intensiv. Ich hatte wirklich das Gefühl, dass sie mich bereits kannte; dass sie auf mich gewartet hatte. Ich habe innerlich geschrien: „Mutter, ich will Freiheit! Ich will Gott!" Amma hielt mich an den Schultern und schaute mir tief in die Augen: „Gut!" Sagte sie.

Nach dem Darshan konnte ich meinen Mann lange Zeit nicht finden, aber das war in Ordnung. Etwas hatte sich im Inneren verschoben... ich war fertig.

Von diesem Moment an betete ich: „Amma, bitte nimm mich. Nimm mich jetzt." Ich wusste nicht, wie, aber irgendwie wusste ich, dass sie mich retten würde.

Danach wurde ich viel unabhängiger: Ich habe aufgehört, den Lügen und der Gewalt meines Mannes zu glauben. Ich zog aus unserem Schlafzimmer in ein anderes Zimmer in unserer Wohnung und erzählte meinem Mann von meinem geheimen Job. Ich erzählte ihm sogar von dem Auto, das ich gekauft hatte (ich hatte es am Ende der Straße versteckt, damit er nichts davon erfahren würde).

Als Reaktion auf meine wachsende Stärke wurde seine Gewalt immer heftiger. Er wurde so heftig und laut, dass bald die Nachbarn mich fragten, ob ich Hilfe brauche. Eines Tages eskalierten ein Streit so massiv, dass gerade in dem Moment, als er die Haustür zuschlug, eine Nachbarin klingelte und fragte, ob sie mich in ein Frauenhaus bringen könne. Ich dankte ihr, sagte ihr aber, dass das nicht nötig sei, da ich ihn eh verlassen würde. Und so packte ich eine Tasche für meine Tochter und eine für mich selbst, und wir gingen.

Amma hat mir die Kraft dafür gegeben. Zu ihr zu beten und zu wissen, dass sie immer für mich da ist, gab mir die Kraft, die ich brauchte, um meinen Mann zu verlassen.

Heutzutage habe ich den Ruf, eine superstarke Frau zu sein, eine, die Dinge in Bewegung setzt. Das hat Amma für mich getan. Bevor ich sie kannte, war ich unterwürfig, leise und zu schüchtern, um eine Bühne zu betreten. Ich konnte nicht einmal im örtlichen Chor singen, weil meine Stimme vor Angst brach. Ich habe mich von meinem Mann quälen und misshandeln lassen, weil ich zu viel Angst hatte, aufzustehen, mich zu wehren oder wegzugehen.

Amma deckte eine riesige Reserve an Kraft, Mut und Furchtlosigkeit in mir auf. Ich hatte keine Ahnung, dass ich so eine Reserve in mir hatte. Heute leite ich eine gemeinnützige Organisation und halte Vorträge im ganzen Land. Ich gebe Kurse und organisiere Programme für Hunderte von Menschen. Dank Amma kann ich mein Leben jetzt dazu nutzen, Gutes zu tun.

Amma sieht den Diamanten in uns und bringt ihn ans Licht. Sie schleift diesen Diamanten zurecht, kultiviert und poliert ihn, bis er strahlt. Heute bin ich furchtlos. Das ist der Diamant, den Amma aus meinem tiefsten Inneren hervorgeholt hat. Amma ist meine Stärke und mein Licht. Sie ist die unbesiegbare Göttin Durga (wichtige weibliche Manifestation des Göttlichen im Hinduismus. Anm. d. Übers.) in mir.

❧ ❧ ❧

Wenn wir mit großen Herausforderungen konfron-
tiert sind, erscheint das Leben oft sehr ungerecht. Aber
wie viele Probleme auch immer auf uns zukommen
mögen, wir sollten uns bemühen, ein gewisses Maß
an Gleichmut zu entwickeln. Wenn wir das können,
werden wir wie eine Lotusblume, die aus Dreck und
Morast wächst und groß und widerstandsfähig wird.

Wir lernen mehr aus unseren Schwierigkeiten,
wenn wir sie als Prüfungen sehen, die uns gegeben wer-
den, damit wir daran wachsen können, damit unser
Geist stark und rein wird. Amma erinnert uns daran,
dass der beste Stahl im heißesten Ofen hergestellt wird.
Herausforderungen und schmerzhafte Erfahrungen
werden uns nicht gegeben, um uns zu bestrafen oder zu
zerstören, sondern um uns an den Punkt zu bringen,
an dem wir gezwungen sind, unser wahres Potenzial
zu entfalten. Tief in jedem von uns liegt ein ungeho-
bener Schatz. Zu unserem Glück durchschaut Amma
all unseren Schmerz und unsere Ängste und hilft uns,
diesen unschätzbaren Reichtum zu entdecken, den wir
in uns tragen, wohin auch immer wir gehen.

Mit Gottes Gnade kann das leidvolle Karma, das
wir ertragen müssen, in wertvolle Lebenslektionen
umgewandelt werden. Wenn wir lernen, uns einer
höheren Macht hinzugeben, werden wir mächtig,

mutig und empfänglich für unsere eigene Transformation. Der Schleier wird gelüftet, nur ein wenig, und wir sind in der Lage, die verborgene Schönheit zu sehen, die unter der Oberfläche liegt.

Wir selbst sind für die Umstände, in denen wir uns befinden, verantwortlich; sie sind immer ein Ergebnis unserer Entscheidungen und unseres Karmas. Zum Glück gibt uns das Göttliche aber immer das, was wir brauchen und was uns zusteht, und zwar auf die schönste Art und Weise: indem es die perfekten Umstände schafft, die wir brauchen, um zu wachsen. Es kann sehr leidvoll sein, diese Wahrheit zu akzeptieren, aber wenn wir in der Lage sind, uns mit Klarheit und Verständnis den Situationen des Lebens hinzugeben, werden wir einen tiefen Frieden erlangen und uns schließlich auf wunderbare Weise verwandeln.

Sei stark. Die verwickelten Knoten des Karma sind schwer zu ertragen, aber mit Zeit, Geduld, Mut und dem richtigen Verständnis werden sie sich lösen und uns befreien.

Kapitel 14

Entscheidung für das Leben

*Glaube heißt, den ersten Schritt zu tun,
auch wenn man nicht die ganze Treppe
sieht. – Martin Luther King, Jr.*

Bevor ich Amma traf, war ich immer wieder in der Psychiatrie. Mein einziger Trost im Leben war der Gedanke an Selbstmord. Ich weiß nicht, ob ich es wirklich tun wollte, aber es schien oft meine beste Option zu sein. Ein paar Mal habe ich ernsthafte Versuche unternommen, mir das Leben zu nehmen, aber das Göttliche griff jedes Mal ein und ich überlebte.

Um ehrlich zu sein, wusste ich nicht, was es bedeutete, sich „gut" zu fühlen. Wann immer ich etwas Gutes hatte, habe ich es zerstört. Ich bestand die Aufnahmeprüfung für eine der besten Universitäten des Landes; ich wurde verwiesen. Ich konnte

keinen Job behalten und musste mich als behindert einstufen lassen. Ich hasste mich selbst, und ich hasste das Leben.

Ich konnte nicht einmal einen Psychologen oder Psychiater finden, der bereit war, mit mir zu arbeiten. Die Therapeuten konnten mit mir nicht umgehen; ich war zu intensiv für sie, zumindest haben sie das immer gesagt. Auch sie haben mich regelmäßig „gefeuert".

Ich habe einige Zeit im Gefängnis verbracht und nicht einmal meine eigene Mutter wollte mich auf Kaution rausholen. Da ich nicht in der Lage war, vor Gericht zu erscheinen, wurde ich als unzurechnungsfähig eingestuft. Ich wurde (wieder einmal) in eine psychiatrische Klinik eingewiesen. Aber selbst im Krankenhaus wollte mich niemand haben.

Ich ging in das beste Krankenhaus in meiner Gegend. Ich hatte die richtigen Papiere und die richtige Versicherung. Das war meine letzte Hoffnung. Aber man wollte mich gar nicht erst aufnehmen. Nach nur einem Blick sagte der aufnehmende Arzt: „Das können Sie vergessen. Sie müssen ins staatliche Krankenhaus."

Niemand wusste, was mit mir zu tun sei, und ich schon gar nicht. Ich fühlte mich völlig wertlos.

Um die Wahrheit zu sagen, ich war wirklich gern im Krankenhaus und wollte es nicht verlassen. Ich bekam zu essen und musste meine Medikamente nehmen. Es gab eine Routine. Und das war mehr, als ich für mich selbst tun konnte.

Meine beste Freundin machte sich immer Sorgen um mich. Sie bestand darauf, dass ich ihren Onkel kennenlerne. Ich wollte aber überhaupt nicht. „Was soll er schon tun?" stritt ich. „Auch nur ein furchtbarer Kerl!" Aber sie bestand darauf.

Als ich ihn schließlich doch traf, wollte er nur über Amma sprechen. Ich dachte die ganze Zeit: „Oweia. Als ob irgendeine Heilige mir helfen könnte! Wer glaubt denn sowas?"

Aber er redete und redete und ich verdrehte die ganze Zeit die Augen. Aber irgendwie kamen seine Worte durch. Was hatte ich schon zu verlieren? Ein kleiner Teil von mir war neugierig, ja sogar fasziniert.

Einige Tage später sah ich ein Flugblatt, auf dem stand: *„Kommen Sie und lernen Sie Mata Amritanandamayi kennen!"* Das konnte kein Zufall sein! Es war dieselbe Amma, von der mir der Onkel meiner Freundin erzählt hatte, also ging ich zu dem Vortrag. Aber trotzdem war ich auf der Hut, die ganze Sache machte mich misstrauisch.

Schließlich beschloss ich, in den örtlichen Ashram von Amma zu gehen, zum Teil, weil ich neugierig war, aber vor allem, weil ich sonst nichts zu tun hatte. Amma war zu dieser Zeit nicht in der Stadt, aber mir gefiel die Gruppe und ich begann, regelmäßig zum Satsang zu gehen.

Einige Monate später kam Amma in die Vereinigten Staaten und ich beschloss, dass ich diese Frau sehen musste. Jeder, den ich kannte, war wie besessen. Ich bin wie alle anderen nach Seattle geflogen. Meine Freunde fragten mich immer wieder: „Und wie ist es so, das erste Mal? Gefällt es dir?"

Ich hasste es.

Ich biss die Zähne zusammen und log: „Es ist toll! Ich bin begeistert!"

Ich lächelte und lachte nach außen hin und täuschte alle außer mir selbst. Mein einziger Gedanke war: „Ich muss hier raus. Ich hasse diesen Ort... Ich will nach Hause!"

Meine Freundin sagte dauernd, dass ich mir ein Mantra geben lassen solle. Jedes Mal, wenn ich sie sah, wiederholte sie wie ein Tonbandgerät die Frage: „Warum lässt du dir nicht ein Mantra geben?" Sie sprach von nichts anderem. Widerwillig stimmte ich schließlich zu. Zumindest würde sie mich dann in Ruhe lassen.

Am Ende des Programms wartete ich auf dem Balkon im oberen Stockwerk, bereit zu gehen. Ich erinnere mich, wie ich über das Geländer hing und mein Leben hasste: Ich wollte sterben. Wieder einmal schoss mir die altbekannte Frage durch den Kopf: „Warum bringst du dich nicht um?"

Wie aus dem Nichts schoss mir mein Mantra in den Kopf und fing an, die negativen Gedanken nach und nach zu verdrängen. Ich wusste nicht einmal, wie man das Mantra richtig ausspricht, aber da war es, es wiederholte sich wie von selbst immer wieder in meinem Kopf. Ich spürte, dass Amma neben mir stand und mich unterstützte.

Als ich nach Hause ging, fing ich mit Seva an. Viel Seva. Obwohl mein Verstand mir sagte, dass ich alles an Amma hasste, gab es irgendwie einen Sog, dem ich nicht widerstehen konnte. Ich machte viele Stunden Seva, um Ammas Besuch in unserer Stadt vorzubereiten. Wochenlang macht ich nur spirituelle Praxis, machte Seva und chantete mein Mantra ununterbrochen. Verstehen Sie mich nicht falsch, die Depression hing immer noch über mir, und mir war immer noch nicht klar, was ich tat und warum. Aber dennoch fühlte ich mich zu Seva und Mantra unwiderstehlich hingezogen.

Langsam begannen mein Hass und meine Wut sich aufzulösen.

Einige Jahre (und zahllose Zusammenbrüche) später zerrte mich eine Verehrerin zu Amma, sie schleifte mich im wahrsten Sinne des Wortes. Sie hielt mich fest am Arm und zog mich direkt neben Ammas Stuhl. Ich wollte nicht dort sein, aber sie weigerte sich, loszulassen, bis sie mich an einem Fleckchen direkt neben Amma niedergesetzt hatte.

Sie sprachen einige Minuten lang, und Amma sagte mir über einen Übersetzer: „Du musst auf die Ärzte hören und die Medikamente einnehmen. Sonst kommt die Polizei und bringt dich weg!" Das war alles, was sie zu sagen hatte.

Ich traute den Medikamenten nicht. Wenn ich nicht im Krankenhaus war oder vom Gericht angewiesen wurde, sie einzunehmen, landeten meine Medikamente immer im Müll (trotz ärztlicher Anordnung). Aber als Amma das Wort „Polizei" sagte, wusste ich, dass es ernst war. Ich hatte panische Angst davor, wieder ins Gefängnis zu müssen.

Am Ende des Programms, als Amma in ihr Auto stieg, rief ich: „Amma, Amma! Ich will mit dir im

Wohnmobil fahren!" Ich wusste nicht, ob sie mich gehört hatte. „AMMA!" schrie ich. Alle starrten mich an.

Amma drehte sich um.

Sie sah mich mit diesem Blick an... ein Blick, der sagte: „Hm... Willst du vielleicht mit mir im Wohnmobil fahren?" Dann schaute sie mich direkt an, Auge in Auge, und sagte sehr ernst: „Nimm die Tablette. Nimm die Tablette!"

Als ich nach Hause kam, rief ich die Ärzte an und sagte etwas, von dem ich nie gedacht hätte, dass ich es je in meinem Leben sagen würde: „Ich brauche Medikamente! Besorgen Sie mir Medikamente! *Jetzt*!"

Durch den Einfluss von Amma hat sich mein Leben langsam verändert. Heute arbeite ich mit einer wunderbaren Therapeutin. Sie kann selbst an meinen schwierigsten Tagen mit mir umgehen. Sie ist eine Verehrerin und Amma ist die Grundlage unserer Beziehung. Ich habe eine Ausbildung begonnen und habe zum ersten Mal das Gefühl, mein Leben auf die Reihe zu kriegen.

Ich erinnere mich, dass Amma beim allerersten Programm, das ich in Seattle besuchte, gesagt hatte: „Betet um Gnade, auch wenn ihr sie nicht spürt.

Denkt immer daran, dass Gott und Guru sich um euch kümmern werden, egal, wie ihr euch fühlt." Damals habe ich ihr nicht ganz getraut. Trotzdem betete ich immer wieder um ihre Gnade. Ich betete, dass sie auf mich aufpassen und sich um mich kümmern möge. Ich kann es nicht erklären. Vielleicht war ich verzweifelt... Nichts anderes funktionierte, aber das tat es.

In der Vergangenheit war ich von so viel Wut und Hass auf mich selbst erfüllt. Aber jetzt habe ich gelernt, zu vertrauen. Ich weiß, dass Amma immer bei mir ist, und ich weiß, dass sie mich nie allein lassen wird. Sie liebt mich, und sie kümmert sich um mich.

Nur wenn man alle Etiketten wegnimmt, kann man Amma als das sehen, was sie wirklich ist: reine Liebe und reines Mitgefühl. Wenn man nicht weiß, was Liebe und Mitgefühl ist, kann es sehr schwierig sein, anzunehmen, und ich weiß nur zu gut, wovon ich rede.

Bevor ich Amma traf, war ich völlig verloren, gebrochen und allein. Ich hatte niemanden und wollte mir das Leben nehmen. Amma hat alles verändert.

Ich habe immer noch schlechte Tage, viele davon, aber zum ersten Mal weiß ich, dass es mir gut geht.

Jahrelang war mein einziger Trost der Gedanke an Selbstmord. Jetzt ist es nicht einmal mehr eine Option. Amma lehrt mich zu leben.

⚜ ⚜ ⚜

Allzu oft leben wir wie Gefangene, eingesperrt in einer geschlossenen Welt, die wir selbst geschaffen haben. Wir wollen unserer äußeren Umgebung, anderen Menschen oder sogar Gott die Schuld für unsere Schwierigkeiten geben, aber in Wahrheit sind es unsere eigenen früheren Handlungen und unsere innere Einstellung, die uns dahin gebracht haben, wo wir sind.

Wir enden in einem klebrigen Netz, gewebt aus der Wiederholung unserer eigenen schlechten Gewohnheiten. Wenn wir so feststecken, scheint es fast unmöglich, sich zu befreien. Doch Amma hat die geheime Lösung, die das Netz auflöst, unsere Knoten löst … und uns befreien kann.

Wie auch immer unsere Lebensumstände sind, wir alle erleben die Welt völlig unterschiedlich. Die meisten von uns gründen ihre Entscheidungen und Urteile auf ihre häufig wechselnden Gedanken und Gefühle. Diese gehen immer wieder durch uns hindurch und

*verhindern, dass wir die Realität klar erkennen kön-
nen. Aber das ist nicht die Art, wie Amma ihr Leben
lebt; ihre Sicht ist immer klar.*

*Jemand, der den reinen Zustand der Gottverwirk-
lichung erreicht hat, ist frei von dem Aufruhr ständig
aufwühlender Gedanken und Emotionen. Klarheit
und eine klare Vision fließen spontan durch ihn oder
sie hindurch, direkt aus einer inneren Weisheit heraus.
Ein solcher Mensch ist ununterbrochen mit dem Göttlichen verbunden.*

*Amma sagt, die Welt könne nur durch die Kraft der
Liebe geheilt werden. Und deshalb ist sie in dieser Form
hier. Ammas Liebe ist die ganze Zeit für uns da... wir
müssen uns nur daran erinnern, dass ihre Liebe nur
einen Gedanken entfernt ist. Die Gegenwart Ammas
ist Gottes größtes Geschenk an unsere leidende Welt.*

Kapitel 15

Das Licht wählen

Nichts ist weicher als Wasser, und doch kann ihm nichts widerstehen. – Lao-Tse

Ich kam in Amritapuri am Ersten Weihnachtsfeiertag 2007 um 1:30 Uhr morgens an. Man gab mir ein Zimmer im Tempel und ich ging um zwei Uhr morgens zu Bett. Ich hatte Amma noch nie zuvor getroffen, aber in dieser Nacht träumte ich, dass ich ihren Darshan erhielt. Es war so lebendig. Sie empfing mich und verband ihr Herz mit meinem. Sie gab mir einige Ratschläge, an die ich mich noch erinnere, und dann wachte ich auf, während sie mich festhielt.

Es war fünf Uhr früh. Archana, das Rezitieren der Tausend Namen der Göttlichen Mutter, hatte begonnen. Mantras erklangen im ganzen Ashram. Ich konnte die Männer in der Darshan-Halle und die Frauen im Tempel chanten hören. Ich sprang aus dem Bett und rannte die Treppe hinunter.

Es war der Erste Weihnachtsfeiertag in Amritapuri, und ich fühlte mich wie ein Kind auf einem Spielplatz. Der ganze Ort schien verzaubert. Ich hatte nur drei Stunden geschlafen, aber ich war voller Energie und Aufregung. Ich erhielt meinen allerersten Darshan, und es war wirklich das zauberhafteste Weihnachten meines Lebens.

In dieser Nacht konnte ich nicht schlafen. Ich war hellwach und erkundete immer noch den Ashram um drei Uhr morgens. Als ich auf die Bühne ging (obwohl sie ganz verschlossen war), konnte ich Musik hören, also öffnete ich die Tür, um zu sehen, was vor sich ging. Da war Amma und übte Bhajans, umgeben von etwa zwanzig Personen.

Ich setzte mich zu dieser sehr intimen Bhajan–Sitzung dazu. Amma sang immer wieder das gleiche Lied. Es klang wie ein Schlaflied. Ich begann einzuschlafen, als mich ein heftiges Klopfen auf meine Schulter weckte. Alle starrten mich an, auch die Göttliche Mutter selbst. Amma schaute mir direkt in die Augen und sagte eindringlich: „Wach auf, mein Sohn, wach auf!" Die Bedeutung ihrer Worte ist mir nicht entgangen.

Bevor ich Amma traf, hatte ich alles, was ich wollte: eine hübsche Freundin, eine Wohnung, ein Auto, eine Ledercouch, einen HD-Fernseher. Mir gefiel meine Arbeit. Ich lebte in einer schönen Stadt und hatte einen tollen Hund. Ich jagte meinen Begierden hinterher, nahm gelegentlich Drogen und suchte nach dem, was ich für Glück hielt. Ich hatte alle Annehmlichkeiten, aber nicht die Befriedigung, die ich tief im Inneren suchte.

Nach diesem Weihnachtsfest kehrte ich in den Westen zurück und führte mein Leben dort wieder fort, wo es aufgehört hatte. Ich setzte meine Annäherung an Amma fort, besuchte sie, wenn ich konnte, und fing an, einige spirituelle Praktiken (gelegentlich) zu praktizieren, aber sonst änderte sich nichts wirklich.

Einige Jahre später kam Amma in einem Traum wieder. In einer Hand hielt sie mich. Ich stand neben meiner Freundin und wir hatten ein Kind. Auf der anderen Seite saß ich in voller Lotus-Meditation in ihrer Handfläche, vollständig von Licht umgeben. Sie sah mich an und sagte: „WÄHLE!" Die Kraft ihrer Worte weckte mich auf.

Die Botschaft war klar: Willst du ein Familienleben mit dem hübschen Häuschen oder willst du von göttlichem Licht umgeben sein? Ich verließ meine Freundin, verkaufte meine Wohnung und zog nach Indien.

Die Jahre seitdem waren die unglaublichsten meines Lebens. Mit Amma zusammen zu sein, mit ihr auf Tour zu gehen, mit Menschen zusammenzukommen, die voller Hingabe sind. Ich fühle mich mit meinem wahren Selbst verbunden, mit dem, was ich wirklich bin, über das Ego hinaus.

Ich war schon immer ein fröhlicher Mensch, und vergnügungssüchtig, aber in der Vergangenheit beruhte mein Glück immer auf äußeren Dingen: der riesige Fernseher, das tolle Auto, das schöne Mädchen. Jetzt fühle ich diese tiefe Freude in mir, sie ist immer da. Es ist eine Präsenz, eine tiefe Befriedigung, die es nicht mehr nötig macht, dass ich etwas anderes suche als das, was bereits in mir ist.

Die meisten Menschen wissen nicht, wie sie das wahre Glück finden können. Wie sie suchte ich das Glück im Außen, aber am Ende fühlte ich mich immer leer, traurig und unzufrieden mit dem Leben. Ich war nicht glücklich mit dem, der ich war.

Jetzt ist mein ganzes Leben ein „Prasad des Guru" (Prasad: göttliche Gabe. Anm. d. Übers.) geworden. Was immer ich auch durchmache, die Höhen und Tiefen, es fühlt sich alles wie ein Geschenk an. Zum ersten Mal fühle ich mich im Alleinsein wohl. Ich suche nicht mehr nach etwas anderem als Gott. Amma ist die, nach der ich mich die ganze Zeit gesehnt habe,

Ich fühle, dass es ganz und gar die Gnade Gottes ist, dass ich existiere. Ich bin dankbar, jeden Tag aufzuwachen. Zum ersten Mal in meinem Leben bin ich vollkommen zufrieden. Es ist erstaunlich, sich so zu fühlen: sich zu freuen, einfach weil man am Leben ist.

✢ ✢ ✢

Wenn Amma Verehrer sieht, die die Nachteile des Materialismus wirklich verstehen, leuchten ihre Augen voller Freude. Sie sagt: „Meine Kinder haben ihre Fesseln durchtrennt. Sie wollen einfach nur selbstlos für andere arbeiten, deshalb werden sie den größten vorstellbaren Reichtum erlangen: Seelenfrieden."

Es ist aufregend zu denken, dass man die Versuchungen des Maya (der Illusion) tatsächlich überwinden kann. Maya ist sehr verführerisch mit materiellem Luxus, Rang und Namen, aber wenn wir seinen Versuchungen nachgeben, zeigt es seine wahre Natur und legt uns in Ketten.

Es ist wichtig, sein Dharma zu tun und für seine Arbeit und seine Familie verantwortlich zu sein, aber denken Sie immer daran, dass diese Dinge Sie niemals dauerhaft glücklich machen können. Die Gesellschaft drängt junge Menschen dazu, zu heiraten und Kinder zu bekommen, sodass sie glauben, dass ihr Leben danach perfekt sein wird. Aber wenn es Paaren an Reife und Geduld mangelt, streiten sie, werden unglücklich und trennen sich und zerbrechen ihre Familien.

Die Kinder wiederholen dann die gleichen dysfunktionalen Verhaltensweisen, die sie von ihren Eltern gelernt haben. Der Zyklus geht immer weiter. Den perfekten Traum, den wir suchen, gibt es nicht auf der Welt.

Es spielt keine Rolle, ob wir uns für ein monastisches Leben in einem Ashram oder für ein Familienleben entscheiden, die Wahrheit ist in immer die gleiche: Nur ein Leben, das in einem guten Wertesystem verwurzelt ist, bringt die Zufriedenheit, nach der wir uns sehnen. Nur wenn wir lernen, nach höheren Prinzipien zu leben, können wir wahre Erfüllung erfahren.

Kapitel 16

Wahres Yoga

Die Wunde ist die Stelle, an der das
Licht in dich tritt. – Rumi

Ich stand auf meinem Balkon und rauchte eine Zigarette, als der Balkon plötzlich unter mir einstürzte. In einem einzigen Augenblick brach mein Leben buchstäblich unter mir weg.

Ich war sehr erfolgreich gewesen. Ich war alleinerziehende Mutter und hatte ein sehr komfortables Maß an finanzieller Sicherheit verdient. Mein Leben fühlte sich voller Sinn und Gnade an, doch ich hatte eine Abneigung gegen spirituelle Praktiken und Lehren.

Dann fand ich mich plötzlich in der orthopädischen Abteilung eines Krankenhauses wieder, wo ein Arzt an meinem Bett stand und mir eine ganze Reihe von Röntgenbildern zeigte: ein mehrfach gebrochenes Becken, ein gebrochenes Kreuzbein, mehrere Rückenmarksverletzungen. Meine Hände waren gebrochen; meine Füße waren gebrochen. Mein perfektes Leben war gebrochen.

Ein gebrochenes Rückgrat ist ein gebrochenes Rückgrat, egal, wie viele Meinungen von Ärzten man bekommt. Ich hatte eine seltene, sehr schmerzhafte, sakrale Rückenmarksverletzung. Es war so heftig, dass mein ganzer Körper von heftigen Krämpfen gepackt wurde, wenn jemand auch nur leicht den Rand meines Bettes berührte.

Vor dem Unfall war ich unnahbar, hielt immer einen Abstand von anderen Menschen. Schließlich war ich der strategische Berater für ein großes, wichtiges Unternehmen; aber in einem Augenblick war dieser Überflieger in die Realität abgestürzt.

Um zu überleben, musste ich mein Herz mit Gewalt für alle Krankenschwestern und das Krankenhauspersonal öffnen. Mit Geld würde ich sie nicht dazu bringen können, sich darum zu kümmern, ob sie mir weh taten oder nicht. Es gab auch keine Strategie, eine bessere Krankenschwester finden.

Meine Genesung schien hoffnungslos. Nichts, was die Ärzte taten, half gegen die Schmerzen, und nichts, was sie taten, half mir, mich zu bewegen.

Irgendwann wurde mir klar, dass ich mich leicht bewegen konnte, wenn ich ganz still, ruhig und gelöst blieb. Die einzige Möglichkeit, dies zu tun, war, den Rhythmus meines Atems zu ändern. Wenn ich meinen Atem verlangsamte, konnte ich meinen Körper verlangsamen und die Schmerzen verringern.

Wenn ich in dieser Bewusstheit verweilte und meinen Atem lenkte, reagierte mein Körper. Ich habe mir selbst ein paar kleine Atemübungen ausgedacht. Wenn ich sie befolgte, konnte ich meine Zehen fühlen. Wenn meine Konzentration, dieses *Dharana* (Eindeutigkeit) gebrochen war, waren die Schmerzen gleich wieder da.

Da ich nicht die Absicht hatte, für den Rest meines Lebens in einem Krankenhausbett zu leben oder an einen Rollstuhl gefesselt zu sein, begann ich, die von mir erfundenen Praktiken mehrmals am Tag durchzuführen. Die Ergebnisse waren bemerkenswert; ich begann unglaublich schnell zu heilen.

Je mehr die Ärzte und Pfleger mein Engagement sahen, desto mehr versuchten sie, mir zu helfen. Als die Leute auf der Station sahen, dass meine Übungen funktionierten, fragten sie: „Sagen Sie, was machen Sie da? Können wir das auch machen?" Bald war die gesamte Station damit beschäftigt, zu atmen und ihre Körper zu bewegen. Wir haben gelernt, wie wir uns selbst heilen können.

Es gab eine Frau auf der Station, eine sehr schöne schwarze Frau aus einer Familie der unteren Mittelschicht. Sie trug eine Rückenstütze. Ihre Familie, einschließlich aller ihrer kleinen Kinder, besuchte sie täglich. Es war Südafrika: aufgrund unserer Geschichte und des politischen Hintergrunds unseres Landes war ich mir ihres Leidens besonders bewusst. Ein Lastwagen hatte sie bei der Arbeit angefahren, und sie hatte gerade ihre vierte Wirbelsäulenoperation hinter sich, um den Schaden zu beheben. Die Familie hatte sich stark verschuldet.

Die Krankenschwestern schienen ihr gegenüber gleichgültig zu sein, aber ich konnte nicht herausfinden, warum. Als ich fragte, sagten sie mir, sie hätten gehört, wie ihre Familie zustimmte, dass es besser für sie sei, die Anweisungen des Arztes zu ignorieren und sich absichtlich selbst in körperliche Lähmung fallen zu lassen - denn nur dann würde die staatliche Versicherung zahlen.

Ich war entsetzt, dass sich in einem entwickelten Land, in einem hochmodernen Krankenhaus, eine Frau bewusst dafür entscheiden musste, gelähmt zu werden, um zu vermeiden, dass sie durch die Arzt-rechnungen finanziell zerstört wird.

In diesem Moment beschloss ich, Menschen in ihrer Situation zu helfen. Ich konnte damals nicht helfen, weil meine beiden Hände immer noch gebrochen waren, aber ich war entschlossen, etwas zu tun. Einen Monat später wurde ich aus dem Kranken-haus entlassen. Ich konnte immer noch nicht richtig laufen und musste mich viel ausruhen, aber ich habe es geschafft, auf Krücken zu gehen. Ich fuhr auch mit den Übungen fort, die ich in meinem Kranken-hausbett gemacht hatte.

Während dieser Übungen hörte ich still auf mei-nen Körper und machte (wie ich später erfuhr) Yoga-Asanas. Ich bin sogar bis zur Bettkante gerutscht, um einen Schulterstand zu machen. Ich wusste nicht, dass dies Yoga war, ich wusste nur, dass die Übungen halfen.

Ich versuchte es bei jedem Massagetherapeuten, jedem so genannten „Heiler", den ich finden konnte, aber in dem Moment, als ich mit der Litanei meiner Verletzungen begann: „Mein Becken ist an fünf Stel-len gebrochen, mein Kreuzbein ist gebrochen, mein Ellenbogen ist …" war die Antwort immer: „Bitte rufen Sie uns in einem Jahr wieder an!"

Erst da wurde mir klar, wie schwierig es ist, jemanden zu finden, der bereit ist, denen zu helfen, die es am meisten brauchen. Einen Querschnittsgelähmten oder jemanden mit Chemo zu massieren, anstatt eine Hausfrau, die ein bisschen einen steifen Nacken hat, erfordert eine seltene Portion Mut.

Nachdem ich vierundsechzig verschiedene Heiler angerufen hatte, fand ich endlich einen Sanitäter, der sich bereit erklärte, alle drei Tage zu kommen und mir Massagen zu geben. Er brachte sogar einen Inversionstisch für mich mit.

Ich begann eine ganze Reihe an Inversionspraktiken und glich sie mit den Atem- und Bewegungspraktiken ab, die ich vorher gemacht hatte. Innerhalb von sechs Monaten begann ich zu laufen, Auto zu fahren und konnte sogar wieder mit dem Flugzeug fliegen. Dennoch, wenn ich auch nur für die kürzeste Zeit diese Bewusstheit verlor, kehrte der Schmerz zurück.

Als ich mich endlich gut genug fühlte, beschloss ich, mir die Haare schneiden zu lassen (ich hatte es aufgeschoben, weil es weh tat, zu lange zu sitzen). Der Friseur gab mir eine Karte, auf der stand: „YOGA". Ich dachte: „Wie schwierig kann das sein?" Ich grinste, als ich mir eine ganze Menge Hippies vorstellte, die herumtanzen. Ich dachte, es könnte nicht schaden.

Die Lehrerin am Telefon lachte, als ich ihr von all meinen Verletzungen erzählte: „Nein, Sie können nicht in meine Klasse kommen, aber es gibt einen Lehrer für therapeutische Yoga-Therapie in einem Ashram in der Nähe."

Dieses therapeutische Yoga wurde mein neues Zuhause. Als ich meine Körperwahrnehmung und meine Atemübungen erklärte, sagte der Lehrer begeistert: „Aber das IST ja Yoga! Sie haben die ganze Zeit Yoga gemacht!" Ich ging zwei Jahre lang dreimal pro Woche in den Kurs und das gab mir die Kraft, meine Veränderung zu akzeptieren.

Als ich geheilt war, beschloss ich, alles, was ich besaß, zu verkaufen und das Geld für die Gründung einer Wohltätigkeitsorganisation zu verwenden. Es sollte ein Ayurveda- und Yoga-Therapieprogramm für Menschen mit schweren Behinderungen und Verletzungen sein. Ich nannte es „Brave" (Englisch: tapfer).

Brave sollte ein Ort sein, an den jeder kommen konnte, an dem die Menschen eine kleine Spende geben würden oder gar auch nichts, denn Geld wäre nicht wichtig. Bei Brave würde ein Mangel an Finanzen den Heilungsprozess nicht verhindern.

Dann kam einer von Ammas Verehrern nach Südafrika und hielt einen Satsang für meine Gemeinde. Wir sahen uns das Video „Embracing The World" an. Um ehrlich zu sein, kann ich mich nicht wirklich an den Darshan-Teil erinnern. Ich war völlig fasziniert von der großen Zahl von Wohltätigkeitsorganisationen, die Amma betreibt. Nachdem ich das Video gesehen hatte, dachte ich: „Ok! Das ist es! Wenn Amma so viele Wohltätigkeitsorganisationen leiten kann, dann kann ich eine kleine Organisation leiten!" Ich fühlte mich total inspiriert.

Etwa zu der Zeit, als ich Brave gründete, beendete mein Sohn gerade die High School. Als Abschlussgeschenk sagte ich ihm, dass ihn mit nach Indien reisen würde. Ich wollte Amma treffen und sehen, was ich über die Leitung meiner Organisation lernen kann.

Wir kamen in Amritapuri an … und da war Amma. Ich wusste nicht so recht, wie ich es verarbeiten sollte.

Als ich das erste Mal bei Amma war, hatte ich keine Erwartungen an den Darshan. Ich war nur dort, um zu lernen, wie man Menschen helfen kann.

Aber als ich aufblickte und sah, wie Amma zum ersten Mal Darshan gab, überkam mich eine Welle tiefster Trauer und tiefsten Schmerzes! Ich konnte den Schmerz jedes einzelnen dieser Tausende von Menschen spüren. Ich brach in Tränen aus und konnte nicht aufhören zu weinen.

Wir kauften Girlanden und schlossen uns der Darshan-Warteschlange an. Als die Schlange immer näher an Amma heranrückte, begann der Schmerz, den ich gefühlt hatte, sich in Licht, in Glückseligkeit zu verwandeln. Es war himmlisch.

Als ich schließlich vor Amma kniete, konnte ich nicht mehr sprechen. Stattdessen bat ich sie gedanklich: „Hilf mir, denen zu helfen, die leiden!" Als mein Sohn und ich die Bühne verließen, fragte mich ein Brahmachari (Art Mönch, Anm. d. Übers.), der dort stand: „Sind Sie die Lehrerin für Heil-Yoga?" Ich hatte zu niemandem ein Wort über meine Arbeit gesagt. „Bitte kommen Sie mit mir, jemand mit Parkinson braucht Sie."

Ein paar Tage später hatte ich das Gefühl, ich sollte eine Pilgerreise unternehmen, um den Hauptsitz meines Yoga-Zentrums zu besuchen, also machte ich mich mit meinem Sohn auf den Weg. Wir kamen an und richteten uns ein. In dieser ersten

Nacht hatte ich einen starken Traum. Ich hörte das dröhnende Lachen des Swami, der meine Yogaschule gegründet hatte (er war viele Jahre zuvor gestorben). Dann hörte ich auch Amma lachen. Ich sah ihre beiden Gesichter, die mich zusammen, Seite an Seite, ansahen und der Swami sagte: „Schau dich an! Was willst du mich in einer Statue bewundern, wo ich doch in Amma lebe?"

Ich habe nicht einmal auf den Sonnenaufgang gewartet. Ich weckte meinen Sohn und wir eilten zurück nach Amritapuri. Damals erkannte ich, dass das göttliche Licht nicht auf eine bestimmte Form oder Situation beschränkt ist. Das Göttliche ist in allem.

In meinem Heilzentrum haben wir Menschen verschiedener Religionen, ethnischer und wirtschaftlicher Hintergründe. Unsere Patienten kommen mit verschiedenen Arten von Verletzungen und Krankheiten, und wir helfen uns gegenseitig bei der Heilung. Trotz aller Unterschiede sind wir eine Familie. Es ist ein Schmelztiegel, genau wie Ammas Ashram. Obwohl wir überall auch schöne Bilder von Amma haben, erlauben Familien aller Glaubensrichtungen ihren Kindern, zusammen zu sitzen und AUM zu chanten.

Als ich kürzlich wieder den Ashram besuchte, brachte ich ein großes gerahmtes Foto mit, das ich Amma schenken wollte. Auf dem Bild halten meine Patienten ein Foto von Amma neben einem Foto von Nelson Mandela. Amma war begeistert. Ich finde, dass dieses Foto die Zeit, in der wir jetzt leben, treffend darstellt. Es gibt so viel Schmerz, aber gleichzeitig werden wir mit ungeheurer Gnade überschüttet.

⚜ ⚜ ⚜

Liebe und Dienst sind in der Tat die höchsten Formen von Sadhana. Es sind die höchsten Handlungen, die wir je durchführen können. Amma heilt den Schmerz der Welt, jeden Tag. Sie inspiriert uns, unsere Gaben im Dienst am Nächsten einzusetzen, anstatt in unserem eigenen Schmerz und Leiden zu verweilen. Anderen zu helfen ist wirklich die beste Art und Weise, wie wir uns selbst helfen können. Amma versucht, jeden von uns zu inspirieren, seinen Teil dazu beizutragen, wie auch immer einfach.

Kapitel 17

Die Vasana-Schachtel

Alles, was ich bin oder zu sein hoffe, verdanke ich meiner engelsgleichen Mutter. — Abraham Lincoln

Eines Sommers ging es mir wirklich schlecht. Meine Negativität war einfach zu viel. Wenn ich zu negativ werde, halte ich mich normalerweise von Amma fern; je negativer ich werde, desto weiter weg bleibe ich. Ich weiß, dass Negativität nur Fernsein von Gott bedeutet, aber wenn ich an diesem fernen Ort bin, fühle ich mich so abstoßend und ekelhaft. Ich denke dann: „Ich kann mich doch nicht einer so strahlenden und schönen Sache nähern!" Nicht, dass ich es beschmutzen könnte, aber es ist einfach zu peinlich.

Nach vielen inneren Unruhen überredete ich mich schließlich selbst, eine Frage an Amma zu stellen, in der Hoffnung, dass sie mich verwandeln würde. Ich habe meine Frage auf ein kleines Stück Papier geschrieben: *„Wenn ich von Negativität* *überwältigt bin, sollte ich dann jemanden finden, dem ich mich anvertrauen kann? Ich möchte nicht zu Amma kommen, weil jeder alles mit anhören kann."*

Sie zog an meinem Ohr und lächelte mich zuckersüß an: „Dieses Problem hat jeder. Mach dir keine Gedanken! Vertraue dich Amma an!" Sie zitierte einen Bhajan, der davon spricht, dass wir uns vor dem Guru schälen müssen, so wie wir die Schichten einer Zwiebel schälen: „Ich will dir meine Scham und Schande geben, und meine Eifersucht ..."

Inspiriert von Ammas Worten wollte ich mich ganz Amma geben: das Gute und das Schlechte. Ich wusste, dass ich meine Hilflosigkeit und Ohnmacht zugeben musste. Ich wollte ihr sagen: „Ich kann das nicht alleine. Ich brauche deine Gnade!"

Ich fand eine hübsche kleine Schachtel ...

Ich beschloss, alle meine Vasanas (negative Tendenzen) in die Schachtel zu legen. Ich fand bunte Fetzen von Material und schrieb alle meine verschiedenen Vasanas auf: Angst, Faulheit, Wut, Depression und Gier. Ich hätte weitermachen können, aber ich hielt es für das Beste, es einfach zu halten. Ich wollte nicht zu sehr ins Detail gehen!

Ich fand eine durchsichtige Plastiktüte, steckte die Vasanas in die Tüte und schrieb „Müll" außen

drauf. Ich habe auch einen kleinen Schmuckbe-
hälter in die Schachtel gelegt. Darauf schrieb ich
„Reichtum", um meine tugendhaften Qualitäten
zu symbolisieren. Aber ich wusste nicht, was ich da
hineinschreiben sollte, also habe ich es leer gelassen.

Ich habe alles in Malayalam geschrieben, damit
Amma es direkt lesen konnte. Auf diese Weise
konnte ich die Privatsphäre haben, die ich wollte.
Ich bräuchte keinen Übersetzer und niemand außer
Amma würde es sehen.

Mein Gebet war einfach und ich wiederholte es
immer wieder, während ich mich auf den Darshan
vorbereitete: „Bitte, Amma, bring den Müll raus!"

Ich hielt die Schachtel Amma entgegen und sagte
in Malayalam (so gut ich konnte): „Amma, das ist
eine Vasana-Schachtel!" Nacheinander las sie jedes
Vasana laut vor und legte dann jedes kleine Papier-
chen vorsichtig wieder in die Schachtel zurück.
Dann zog sie sie alle wieder heraus und las jedes
Vasana noch einmal, wieder laut. „Ein paar hast du
vergessen!" sagte sie sinnend. „Eifersucht, Rivalität
und Wollust!"

Dann nahm sie die Reichtum-Schachtel, öffnete
sie und sagte: „Oh, du armes Ding!" und lachte. Sie
gab mir die Schachtel wieder. „Naja. Zumindest sind

sie gesegnet!" dachte ich seufzend. Ich hatte natürlich gehofft, sie würde sie behalten.

In dieser Nacht flogen wir nach Indien zurück. Amma saß bei uns, während wir im Flughafenterminal warteten. Ich saß ein bisschen weiter hinten. Plötzlich drehte sie sich um und sah mich direkt an. Sie schenkte mir ein wunderschönes Lächeln, das schönste Lächeln, das ich je gesehen habe. Sie schien so zufrieden mit mir zu sein! So glücklich! Und sie fing an, von meiner Vasana-Schachtel zu erzählen.

„Dieser Junge hat mir eine Vasana-Schachtel gegeben!" verkündete sie laut. Dann zählte sie jedes einzelne Vasana auf, das ich aufgeschrieben hatte. Sie lachte. „Er hatte auch eine Reichtum-Schachtel, aber die war leer!"

Ich war wie vom Donner gerührt. Wie in Trance bin ich aufgestanden und über (oder vielleicht auf) sechs oder sieben Personen getreten, um zu Amma hin zu kommen. Ich habe mich direkt zu ihren Füßen niedergelassen (halb saß ich auf dem Schoß von jemandem). „Hast du sie noch?" fragte Amma. „Ich möchte sie sehen!"

Ich sagte ihr, dass die Schachtel in meinem aufgegebenen Gepäck war, ich sie ihr aber sofort nach unserer Ankunft in Amritapuri geben würde.

Ich fügte die zusätzlichen Vasanas hinzu, die Amma erwähnt hatte, und brachte die Schachtel in ihr Zimmer. Als ich es ihrer Begleiterin gab, erwartete ich nicht, dass Amma sie sich noch einmal ansehen würde (da die Leute Amma jeden Tag viele Sachen geben), aber ich fühlte eine große Erleichterung – als hätte ich meine Vasanas Gott gegeben. „Okay, es ist vorbei!" sagte ich mir.

Aber das war es nicht. Als Amma an diesem Abend zu den Bhajans kam, konnte ich sehen, dass sie etwas Ungewöhnliches in ihren Händen hielt, aber ich konnte nicht ganz erkennen, was es war. Ich streckte den Hals, um es zu sehen. „Nein. Nicht möglich!" dachte ich dann. „Das kann nicht sein! ..." Aber da stand sie auf der Bühne und hielt meine Vasana-Schachtel vor dem gesamten Ashram. Tausende von Menschen!

Amma rief ins Mikrofon: „Wessen Schachtel ist das?" Ich wollte mich unter dem Tisch verstecken, aber ich hob zaghaft die Hand.

Sie sagte dem ganzen Ashram: „Das ist eine Vasana-Schachtel. Dieser Junge hat mir eine Vasana-Schachtel gegeben!" Alle Augen wandten sich mir zu, als sie jedes meiner Vasanas in das Mikrofon las.

Nach den Bhajans rannte ich los, um vor ihrem Zimmer auf Amma zu warten, nur für den Fall, dass sie mit mir sprechen wollte. Sie blieb stehen und schaute mich an. Dann sagte sie allen um uns herum aufgeregt: „Das ist der Junge, der mir die Vasana-Schachtel gegeben hat! Er gab mir eine Schachtel voller Vasanas!"

Am nächsten Tag musste ich während des Darshans auf die Bühne gehen, um jemandem eine Frage zu meinem Seva zu stellen. Amma entdeckte mich und rief mich zu sich. Sie war genauso aufgeregt wie am Tag zuvor: „Oh! Das ist der Junge, der mir die Vasana-Schachtel gegeben hat!" Sie erzählte jedem um sie herum alles über meine Vasana-Schachtel und listete akribisch jedes der Vasanas darin auf.

Ich hatte mindestens sechs Interaktionen mit Amma über diese Schachtel, und alles brachte mich ihr näher.

Aber damit war es nicht getan. Die Vasana-Schachtel wurde berühmt. Sie wurde im Schriften-Unterricht des Ashram, in einem Artikel mit Foto auf Ammas Website, auf Ammas Facebook-Seite und in einem Artikel in der Zeitschrift Matruvani vorgestellt. Die Ironie ist natürlich, dass diese ganze Sache begann, weil es mir zu peinlich gewesen war, zu Amma zu gehen: ich wollte nicht, dass jemand von meinen Problemen wusste!

Ich kann das Gefühl nicht ganz beschreiben, das ich hatte, als ich Amma die Schachtel halten sah... es war aufregend, so intim. Es fühlte sich an, als wäre ich Ammas Vorzeigestück an diesem Tag: als hätte sie mich mit in die Schule gebracht und mich stolz vor allen Kindern ihrer Klasse vorgeführt.

Das Beste daran war, wie witzig sie das Ganze gemacht hat. Nur zu oft fühle ich mich wie eine einzige enorme Katastrophe, eine große, schreckliche Tragödie. Aber in ihrer gnädigen, bodenständigen Art nahm sie all meine Ängste, all meine Negativitäten auf und verwandelte sie in einen einzigen großen Witz. Mit ihrem warmen Humor nahm sie mir die Scham.

☙ ☙ ☙

Der Umgang mit unseren Vasanas kann extrem schwierig sein. Manchmal scheinen wir uns nicht ändern zu können, egal, wie sehr wir uns bemühen. Aber wenn wir lernen, über unsere Scham hinauszugehen und unsere Negativität dem Guru zu Füßen legen, können unsere subtilen Vasanas langsam aufgelöst zu werden. Es braucht eine Menge Arbeit und Ausdauer, um dies zu erreichen.

Wir alle haben Fehler und schlechte Gewohnheiten, aber diese Tatsache sollte uns nicht behindern. Amma sagt: „Der Verstand kann niemals unser Freund sein. Er wird immer unser Feind sein. Er wird immer versuchen, uns nach unten zu ziehen. Versucht zu lernen, eure Gedanken zu kontrollieren, auch wenn ihr euch verstellen müsst."

Wir verschwenden so viel Zeit damit, uns negative Dinge vorzustellen. Stattdessen sollten wir unsere Vorstellungskraft auf positive Weise nutzen und davon ausgehen, dass etwas Gutes geschehen wird (aber auch gleichzeitig darauf achten, die Erwartungen in Grenzen zu halten!). Ein einziger positiver Gedanke hat das Potenzial, uns aus den negativen Sphären herauszuziehen, in denen wir oft versinken.

Vor einigen Jahren, als wir auf einer Indien-Tour waren, schloss sich uns ein junger Mann, der gerade Amma kennen gelernt hatte. Einer der Höhepunkte der Indienreisen ist das Prasad-Abendessen, das Amma verteilt. Wer noch hungrig ist, bekommt immer eine zweite Portion. Die richtige Etikette besteht darin, ein oder zwei Chapattis (oder was auch immer an Essen

*herumgereicht wird) zu nehmen und dann den Rest
weiterzugeben, um mit allen anderen zu teilen.*

*Aber als der zweite Teller mit einem riesigen Stapel
Chapattis zu diesem jungen Mann kam, dachte er, es sei
alles für ihn! Also aß er an diesem Abend etwa vierzig
Chapattis! Er aß und aß, bis er zu satt war, um sich
noch zu bewegen.*

*Amma beobachtete ihn aufmerksam beim Essen,
und als er fertig war, rief sie ihn zu sich. Sie erzählte, dass es in den vedischen Schriften einen Dämon
namens Bagan gibt. Dieser Dämon war so gefräßig,
dass er ganze Dörfer verschlang, Kühe, Hunde und
sogar Menschen. Amma sagte, sie habe nie geglaubt,
dass die Geschichten wahr seien – bis sie ihn jetzt sah.
Jetzt wusste sie, dass es möglich war! Alle lachten, vor
allem er selbst.*

*Er erzählte mir hinterher, dass er völlig hingerissen
gewesen sei. Wie ein Welpe, der ganz selbstvergessen ist
unter Amma Neckereien. In diesem Moment fühlte er
sich von ihr und der Gemeinschaft um sie herum völlig
geliebt, gesehen und akzeptiert.*

*Jeder hat Wünsche; das ist nichts, wofür man sich
schämen müsste. Aber wenn wir entscheiden, dass es an
der Zeit ist, ein höheres Ziel zu verfolgen, dann werden
unsere ständigen Wünsche langsam ihren Einfluss auf*

uns verlieren. Wenn wir uns entscheiden, die bewusste Anstrengung zu unternehmen, uns in eine positive Richtung zu bewegen, wird ein Fluss der Gnade freigesetzt.

Wenn wir uns auch nur ein wenig bemühen, die Negativitäten zu kontrollieren, die uns einkesseln, und versuchen, das Richtige zu tun, wird Ammas Gnade uns sicher auffangen und uns den Rest des Weges tragen.

Kapitel 18

Frieden finden

„Tanze, wenn du aufgebrochen wirst. Tanze, wenn du den Verband abgerissen hast. Tanze mitten im Kampf. Tanz in deinem Blut. Tanze, wenn du vollkommen frei bist." – Rumi

Bevor ich Amma traf, lebte ich für den Nervenkitzel. Ich habe mich immer nach diesem ultimativen Rausch gesehnt … Wenn man sich so lebendig fühlt, wie nie sonst, wenn das Herz so heftig schlägt, wie es nur irgend möglich ist … Wenn das Blut so schnell durch die Adern pumpt, wie nur irgendmöglich … *Dieses Gefühl, vollkommen lebendig zu sein.*

Ich habe mich um niemanden und nichts gekümmert. Mein Leben war ganz auf den Kick, den Nervenkitzel ausgerichtet: ein Leben immer am Rande des Todes. Nach dem Fallschirmspringen habe ich drei Tage lang nicht geschlafen, weil ich so *high* war. Wenn ich auf zehn Meter hohen Wellen surfte, fühlte ich mich wie Gott, der auf dem Wasser geht.

Wenn ich zum Klettern ging, wurde mir klar, wie *high* ich wirklich war.

Surfen, Fallschirmspringen, Klettern, das habe ich alles auf Drogen gemacht. Wirklich. An manchen Tagen wusste ich nicht einmal, ob ich nüchtern war oder nicht, wenn ich diesen Extremsportarten nachging.

Ich arbeitete zwei Nächte pro Woche, Freitag und Samstag, in einer örtlichen Bar. Ich war ein Spezial-Barkeeper und verdiente einen Haufen Geld. Ich habe Stunts gemacht, mit dem Feuer gespielt. Ich habe Alkohol auf den Tresen gespritzt und die Bar buchstäblich in Brand gesteckt. Das war mein „normaler Job". Den Rest meiner Zeit war ich damit beschäftigt, immer dem ultimativen Kick nachzujagen.

Ich wachte mittags auf, trank einen Kaffee, rauchte einen Joint und rief meinen besten Freund an. „Hey, Alter! Was machen wir heute?"

Ich war kein guter Mensch und an Spiritualität dachte ich nicht im Entferntesten. Ich lebte auf der dunklen Seite des Lebens und hatte nicht die Absicht, jemals erwachsen zu werden.

Dann lernte ich meine Frau kennen.

Als wir anfingen, miteinander auszugehen, besuchte ich das Haus ihrer Eltern. Das erste, was mir auffiel, war ein Foto an der Wand. Ein Foto von nackten Füßen. Die Füße einer indischen Frau.

Ihre Familie hatte keine Möbel in ihrem Wohnzimmer. Stattdessen hatten sie überall auf dem Boden Kissen herumliegen. Ich dachte: „Oh nein, worauf habe ich mich mit diesem Mädchen eingelassen?" Gleichzeitig aber fand ich diese Füße in höchstem Maße faszinierend. Ich fragte meine Freundin, wessen Füße es waren, was es mit dieser Dame auf sich hatte und (vor allem), warum sie keine Möbel hatten!

Zuerst zögerte sie, mir von Amma zu erzählen, aber schließlich gab sie nach. Sie lud mich zum Satsang in ihrem Haus ein und ich ging an diesem Wochenende hin. Als ich dort ankam, war das Zimmer voll. Alle saßen dicht nebeneinander auf den Kissen am Boden.

Ihr Stiefvater spielte Trommeln (eigentlich Tablas) und ihre Mutter spielte Keyboard (es war ein Harmonium, aber das wusste ich zu der Zeit noch nicht). Sie sangen indische Lieder, aber ich konnte nicht mitsingen, weil ich nicht wusste, wie man den Text liest. Wenn ich so zurückdenke, wird mir klar, wie lange das her ist und wie sehr sich das Leben für mich jetzt geändert hat.

Sie machten an diesem Abend Arati und schwenkten den brennenden Kampfer um das Foto von Amma herum. Ich fand es lustig, als der Rauchalarm ausgelöst wurde.

Später in dieser Woche fragte ich meine Freundin, ob ich Amma einmal begegnen könnte.

Wir fanden billige Flugtickets und kamen einige Wochen später zu Ammas Programm nach Toronto. Es waren so viele Menschen da! Menschen überall. Alle warteten darauf, von Amma umarmt zu werden. Ich dachte: „Wow, diese Frau wird heute sicher nicht jeden umarmen können!" Es war Devi Bhava, und natürlich hat Amma jeden umarmt.

Jemand hat mich gefragt, ob ich vielleicht Seva machen möchte. Ich wusste nicht einmal, was das Wort bedeutet, aber ich dachte: „Ok, ich helfe. Warum nicht?" Er bat mich, das Weihwasser zu verteilen, das Amma gesegnet hatte. Ich war Bartender! Und so dachte ich: „Klar kann ich ein Tablett mit Wasser tragen. Kein Thema!" Ich wusste nicht, dass auf dem Tablett Dutzende von winzigen Tassen standen, jede einzelne bis zum Rand mit Weihwasser gefüllt, und ohne Deckel.

Der Seva-Chef bat mich, das Tablett zu den Leuten zu tragen, die draußen saßen. Ich ging nach draußen und mir fielen fast die Augen aus dem Kopf: draußen auf dem Parkplatz warteten Tausende und Abertausende von Menschen! Alle schauten Amma live auf überlebensgroßen Bildschirmen an.

Ich wurde geradezu überrannt! Sobald die Leute sahen, dass ich ein Tablett mit Weihwasser hielt, eilten alle auf mich zu. Ungefähr eine Stunde lang bin ich hin und her gerannt, um jedem Einzelnen Weihwasser zu bringen.

Während ich auf Ammas Darshan wartete, erkundete ich die Szene. Schließlich (nach etwa neun Stunden!) wurde meine Token-Nummer angerufen. Ich ging auf die Bühne und kniete vor ihr nieder. Sie lächelte und zog mich an sich. Ich verstand nicht, was sie sagte, aber sie sprach mir ins Ohr und gab mir zwei Schokoladenküsse und ein Rosenblatt. Als ich aufstand, fragte ich den Übersetzer, was Amma gesagt hatte. Er antwortete: „Amma sagt, Sie brauchen ein Mantra."

Ich wusste nicht, was ein Mantra war, aber ich habe ihr sofort vertraut. Sie sagte mir, ich solle mich neben sie setzen. Ich saß dort zwei Stunden.

Als sie mir das Mantra ins Ohr flüsterte, war es wirklich, als ob meine Seele sich wandeln würde.

Es ist ein langsamer Prozess und es hat Jahre gedauert, aber jedes Mal, wenn ich Amma sehe, verändert sich etwas anderes: meine moralischen Vorstellungen, meine Werte … alles hat sich verändert. Ich bin ein Mensch mit einem Ziel geworden, ein Mensch, der für etwas leben will, um anderen Menschen zu helfen, um etwas in der Welt zu bewegen (ich spüle sogar manchmal ab!).

Bevor ich Amma traf, war mein erster Gedanke beim Aufwachen: „Ich muss zum Fallschirmspringen!" Ich hatte keine Verantwortung und kümmerte mich um niemanden.

Jetzt ist mein erster Gedanke beim Aufwachen Amma. Ich suche immer noch den Nervenkitzel und den Kick, aber das bekomme ich jetzt von ihr. Meine Begeisterung kommt davon, Amma zuzusehen, wie sie Darshan gibt, vom Meditieren, vom Seva machen. Ich brauche keinen weiteren Nervenkitzel und kein *High* mehr. Mein Leben ist endlich erfüllt. Ich bin heute lebendiger als je zuvor.

Überspringen wir zehn Jahre. Ich bin jetzt verheiratet. Wir haben einen Sohn und ich führe mein eigenes Unternehmen. Ich hätte mir nie vorstellen können, dass das einmal mein Leben sein würde. Nichts davon wäre ohne Amma möglich gewesen.

Amma hat mich verändert.

Seit diesem allerersten Darshan arbeite ich jeden Sonntag ehrenamtlich in einem Obdachlosenheim. Es ist meine Version des Kirchgangs, meine Art, Amma meine Dankbarkeit auszudrücken und ein wenig zurückzugeben. Wir machen belegte Brötchen, Suppen und Nachtisch. Ich nehme meinen Sohn immer mit. Er macht Seva, seit er ein Baby ist. Ich lehre ihn gute Werte: andere zu lieben und sich um sie zu kümmern. Dienst am Nächsten.

Manchmal kommt auch mein alter Freund. Der, den ich zwanzig Jahre lang jeden Morgen angerufen habe. Er steht mit all den anderen Obdachlosen in der Schlange, zittert in der Kälte und wartet auf seine einzige warme Mahlzeit. Ich lächle immer traurig, wenn ich ihn sehe. „Hey, Alter...!" sage ich. „Hier, dein Brötchen!" Das ist die einzige Möglichkeit, wie ich ihm helfen kann. Auf der Suche nach dem ultimativen Kick hat er alles verloren: seine Frau, seine Familie, sein Zuhause.

Und ich? Ich habe ihn gefunden, diesen ultimativen Kick, und sie hat mich gerettet.

✤ ✤ ✤

Die bloße Berührung Ammas birgt die Kraft, uns auf eine tiefgreifende Heilreise zu schicken. Dank ihres Mitgefühls und des aufrichtigen Glaubens der Menschen kann Amma wie ein Katalysator wirken und bemerkenswerte Geschichten des Wandels überall um sich herum entstehen lassen.

Amma zieht uns auf unzählige Arten an. Sie erweicht unsere Herzen und erinnert uns daran, wie man wirklich menschlich ist. Durch ihre Gnade, Weisheit und unendliche Geduld hilft sie uns, dass wir uns mehr und mehr ihrer Lehre bewusst werden: wir alle sind Verkörperungen der reinen Liebe und des Höchsten Bewusstseins.

Es gibt eine Geschichte von zwei Adepten, die Amma oft erzählt: Die beiden Männer gingen ins Dorf, um Obst und Gemüse für ihren Guru zu kaufen. Als sie zurückkamen, waren beide voller blauer Flecken. Besorgt fragte der Guru: „Was ist passiert?"

Einer der Männer zeigte auf den anderen und antwortete: „Er hat mich einen Affen genannt!"

Der Guru seufzte: „Seit über zwanzig Jahren sage euch, dass ihr Verkörperungen des Höchsten

Bewusstseins seid, aber ihr glaubt es mir nicht. Dann nennt er dich EINMAL einen Affen! Und schau dich an!"

Allzu oft verhalten wir uns wie die Adepten in dieser Geschichte. Wir tragen die gesamte Schöpfung in uns, aber statt göttliches Licht auszustrahlen, verstecken wir uns in unserem eigenen Schatten.

Amma bringt uns aus dem Schatten heraus und führt uns aus der Dunkelheit ins Licht. Sie entzündet den Funken der Liebe in unserem Herzen. Amma gibt Hoffnung, wenn wir in der Verzweiflung feststecken, und Licht, wenn die Dunkelheit unsere Sich verhindert. Sie heilt die Unheilbaren und fügt das Gebrochene wieder zusammen. Mit Ammas Gnade wird das Unmögliche möglich, und das gewöhnliche Leben wird in Liebe verwandelt.

Allzu oft suchen wir das Glück außerhalb von uns selbst und vergessen dabei, dass die wahre Quelle der Zufriedenheit in unserem eigenen Inneren liegt. Wir können göttliche Lumineszenz nur im Inneren finden, nicht in den hellen, glitzernden Lichtern der Welt. Wenn positive Energie in uns fließt, finden wir die Kraft, uns jeder Herausforderung zu stellen.

Vor einigen Jahren erzählte mir jemand eine Geschichte über Rishi, Ammas kleinen Welpen. Eines

Tages lief er auf der Suche nach einem Spielkameraden in den Kuhstall. Aber die Kühe hatten keine Lust zu spielen. Das ist Rishi oft passiert; niemand wollte mit ihm spielen.

Rishi tobte im Stall herum und belästigte die Kühe. Einige sahen ihn nur missbilligend an, während ein oder zwei bereit schienen, ihn anzugehen. In seiner enthusiastischen Unschuld dachte Rishi aber, es sei ein Spiel! Seine Antwort (wenn ein Hund sprechen könnte) war so etwas wie: „Mein Gott! Was für ein Spaß!! Die Mädels wollen alle mit mir spielen!"

Er rannte zwischen ihnen herum, bellte sie an und versuchte, sie ein wenig in die Füße zu beißen. Da hatten die Kühe genug. Sie gingen ihn an. Aber Rishi war sich ihrer Stimmung gar nicht bewusst. Er tobte ekstatisch herum, weil er das lustigste neue Spiel entdeckt hatte, das man sich vorstellen kann.

Wir sollten alle danach streben, wie Rishi zu sein, mit dieser Art von Unschuld durchs Leben zu gehen. Wir haben die Wahl: Wir können wie Rishi oder wie die mürrischen Kühe sein. Machen Sie sich keine Sorgen darüber, was die anderen denken! Tun Sie, was Sie für richtig halten. Entscheiden Sie sich trotz äußerer Umstände dafür, die Welt als ein schönes Spiel zu sehen.

Selbst wenn die Menschen um Sie herum die Welt nicht als ein prächtiges göttliches Schauspiel sehen wollen, ist das in Ordnung. Wenn Sie sich eine Haltung der Ehrfurcht und des Staunens bewahren, werden Sie in der Lage sein, sich voll und ganz am gegenwärtigen Augenblick zu erfreuen. Und das ist alles, was wir tun müssen: das Licht überall um uns herum halten, wohin auch immer wir gehen. Strahlend und glücklich sein.